工会
权益保障工作
百问百答

罗远业◎编著

GONGHUI
QUANYI BAOZHANG
GONGZUO
BAIWEN BAIDA

中国工人出版社

目录

CONTENTS

第四部分 收入分配

JI CHU ZHI SHI

第一部分

基础知识

1 什么是社会保障？建立社会保障制度有何意义？

国际劳工组织对社会保障的定义是：通过一定的组织对这个组织的成员所面临的某种风险提供保障，为公民提供保险金、预防或治疗疾病、失业时资助并帮助其重新找到工作。由于经济发展水平、社会制度、文化背景以及民族传统存在差异，各国对社会保障内涵的理解不尽相同，但各国均认为社会保障的核心就是要建立养老、医疗、工伤、失业等社会保险以及社会救济、社会福利等与职工利益密切相关的制度。在我国，社会保障就是指国家通过立法，积极动员社会各方面资源，保证无收入、低收入以及遭受各种意外灾害的公民能够维持生存，保障劳动者在年老、失业、患病、工伤、生育时的基本生活不受影响，同时，根据经济和社会发展状况，逐步增进公共福利水平，提高国民生活质量。

建立社会保障制度的重要意义主要体现在以下四个方面：

（1）社会保障是法律赋予公民的一项基本权利。生存权是人的基本权利，社会保障是保证全社会成员基本生存权的必要手段。《宪法》第十四条第四款规定：“国家建立健全同经济发展水平相适应的社会保障制度。”第四十五条第一款规定：“中华人民共和国公民在年老、疾病或者丧失劳动能力的情况下，有从国家和社会获得物质帮助的权利。”

（2）社会保障是对公民基本生活的保障。在公民生活遇到社会风险时，社会保障能够为其提供最基本的社会服务和物质帮助。由于人们的机会和能力存在差异，再加之各种社会和生活风险大量存在，人们面临的社会风险更为突出，建立制度性的基本生活保障制度以规避这种风险就变得极为迫切。

（3）社会保障具有收入再分配的作用。社会保障是国家进行收入再分配的公共政策，具有保障公民基本生活、维护社会稳定、促进经济发展、保持社会公平和增进国民福利等功能。

（4）社会保障是衡量社会进步的重要指标。社会保障作为一个相对独立完整的体系，是市场经济的重要支柱和社会进步的重要指标。

2 我国社会保障制度的基本框架是什么？

我国的社会保障制度主要包括社会保险、社会救助、社会福利和社会优抚等内容。社会保险是社会保障的核心内容，是指国家通过立法建立社会保险基金，对职工、公务员以及城乡居民因年老、疾病、失业、工伤、生育等原因导致的生活困难，以及军人因伤亡、退役后年老、疾病和配偶随军未就业导致的生活困难，给予物质帮助的制度，包括养老保险、医疗保险、失业保险、工伤保险、生育保险，以及军人伤亡保险、退役养老保险、退役医疗保险和随军未就业的军人配偶保险，其中养老保险和医疗保险实行社会统筹和个人账户相结合的制度模式。

社会救助是社会保障体系的一个最基本的制度，也是保障社会安全的“最后一道防线”。其是指国家和社会对遭受自然灾害、失去劳动能力以及有其他特殊困难情形的公民给予物质救助或服务帮助，以保障其最低生活的各项措施，包括城乡居民最低生活保障、特困人员供养、灾害救助、专项救助（如医疗救助、教育救助、住房救助、就业救助、法律援助）、临时救助（如意外事故救助）等。

社会福利是国家和社会举办的，为全体社会成员或者特殊社会群体、特殊职业人员所享有的福利事业，包括公共福利（如教育福利、卫生福利、住房福利）、特殊群体福利（如儿童福利、老人福利、残疾人福利、精神障碍患者福利）、特殊环境下的职业福利（如艰苦边远地区津贴、高温津贴、高原津贴）等。

社会优抚是国家依法对在保卫祖国和社会主义建设事业中牺牲、伤残、病故的军人、人民警察和其他人员及其家属给予褒扬抚恤、优待帮扶等社会保障安排的制度，包括烈士褒扬、军人抚恤优待、人民警察抚恤优待等。

3 工会权益保障工作的职责是什么？

工会作为职工合法利益的代表者和维护者，工会权益保障工作的基本职责就是维护职工的劳动就业、收入分配、社会保障、社会福利、社会救助等劳动经济权益，促使广大职工共享经济社会发展成果，调动广大职工劳动的积极性、主动性和创造性，凝心聚力奋力夺取新时代中国特色社会主义伟大胜利。工会权益保障工作的主要职责有以下几方面：

（1）做好协调劳动关系工作。参与劳动关系政策研究，推动建立和完善劳动关系三方协调机制，开展和谐劳动关系创建活动。

（2）维护职工就业权益。参与国家劳动就业政策研究和制定，参与劳动制度改革，分析和研究就业形势，促进职工就业、创业。

（3）维护职工劳动报酬权益。参与收入分配改革及政策研究，推动提高最低工资标准；研究工资共同决定机制、正常增长机制、支付保障机制。

（4）维护职工的社会保障权益。参与国家社会保障制度体系建设，推动各项社会保障政策落实，发展工会医疗互助保障。

（5）做好工会帮扶工作。参与社会救助、社会福利政策制度设计，组织实施送温暖、金秋助学、农民工平安返乡等品牌活动，建设以精准帮扶为重点，“线上”“线下”相统一的服务职工体系，为职工提供普惠性服务。

（6）做好集体合同工作。研究建立集体协商制度和监督保证机制，指导企业开展集体协商、签订集体合同。

（7）做好农民工工作。统筹协调工会有关部门参与农民工服务，联系各级政府农民工办公室，开展农民工维权和服务工作。

4 工会权益保障工作的主要内容有哪些？

工会权益保障工作的内容主要包括以下六个方面：

（1）制定总体规划并推广典型经验。综合研究国民经济和社会发展过程中与职工劳动经济权益密切相关的问题，研究工会权益保障工作的有关理论和政策，制定和提出工会权益保障工作的总体规划、工作目标和工作任务，总结推广典型经验，更好开展工会权益保障工作。

（2）参与国家立法。参与国家有关职工劳动就业、收入分配、社会保险、社会救助、劳动关系（三方机制、集体协商）等方面政策法规的研究与制定，充分反映职工群众的意见、要求和建议，从源头上维护广大职工的劳动经济权益。

（3）监督权益保障法律法规执行现状。开展调查研究，推动并监督有关职工的劳动、工资、社会保险、社会救助、社会福利、劳动关系（三方机制、集体协商）等方面政策法规的贯彻执行，并及时了解和掌握职工群众相关权益的实现和保障状况，提出相应的对策和建议。

（4）履行工会权益保障工作职责。发挥工会自身优势，通过多种途径和形式，组织开展困难职工帮扶工作，努力为广大职工办实事、办好事，帮助职工解决在劳动就业、收入分配、社会保险、子女教育、住房以及基本生活保障等方面的实际困难，协助党委和政府解决困难职工的生产、生活问题。

（5）履行工会代表职责。工会代表职工加强同政府劳动保障和有关部门及企业代表组织的配合与协作，推进协调劳动关系集体协商机制、三方机制建设，参与协调解决劳动关系领域重点、难点问题，推动创建和谐劳动关系。

（6）做好工会服务协调工作。做好工会有关农民工的服务协调工作，维护农民工合法权益。

5 如何理解工会权益保障工作在工会工作中的重要地位？

工会权益保障工作事关广大职工最关心、最直接、最现实的利益，在推动构建和谐劳动关系、促进经济持续健康发展和社会和谐稳定中具有极为重要的作用，其重要地位主要体现在以下五个方面：

（1）贯彻落实党中央决策部署的需要。党的二十大报告明确指出："为民造福是立党为公、执政为民的本质要求。必须坚持在发展中保障和改善民生，鼓励共同奋斗创造美好生活，不断实现人民对美好生活的向往。""我们要实现好、维护好、发展好最广大人民根本利益，紧紧抓住人民最关心最直接最现实的利益问题，坚持量力而为、量力而行，深入群众、深入基层，采取更多惠民生、暖民心举措，着力解决好人民群众急难愁盼问题，健全基本公共服务体系，提高公共服务水平，增强均衡性和可及性，扎实推进共同富裕。"

（2）实现职工合法权益的需要。维护职工的劳动经济权益是延续整个社会生产和再生产的基本条件。只有在健康和安全的环境下，职工才能为社会提供更多优质的商品和服务，并以此获得劳动报酬，延续劳动力的再生产。同时，劳动经济权益是劳动者获得政治民主权益和精神文化权益的前提和基础。保障职工的劳动经济权益有利于其政治民主权益和精神文化权益的实现。

（3）构建社会主义和谐劳动关系的需要。做好工会权益保障工作，并通过加强同政府劳动保障部门和有关部门及企业代表组织的配合与协作，推动构建劳动关系集体协商机制、三方机制保障职工劳动经济权益，有利于化解和减少劳动关系矛盾和冲突，实现劳动关系和谐稳定。

（4）形成稳定经济社会发展环境的需要。劳动就业、收入分配、社会保障事关职工切身利益，也是党和政府高度重视的经济和社会问题。如果上述问题解决不好，将直接影响经济发展和社会稳定。因此，做好工会权益保障工作有利于营造和谐稳定的经济社会发展环境，也有利于调动职工的积极性、主动性和创造性。

（5）应对经济全球化挑战的需要。随着经济全球化深入发展和“一带一路”国际合作、建设开放型世界经济、构建人类命运共同体等战略的逐步推进，我国社会经济结构、劳动就业、分配方式、劳资关系等均发生了深刻影响。在此背景下，有针对性地做好新形势下的工会权益保障工作，有利于减少劳资纠纷，缓和劳动关系矛盾，化解社会风险，从容应对经济全球化带来的冲击和挑战。

6 如何认识当前工会权益保障工作面临的新任务？

当前，全面建设社会主义现代化国家新征程已经开启，做好维权服务工作、满足职工美好生活向往的任务更艰巨、责任更重大，工会权益保障工作也面临着新形势新任务，主要表现在以下七个方面：

（1）就业形势依然严峻。就业总量压力仍然较大，劳动力供给与劳动力需求不匹配，就业结构性矛盾更加突出，一些领域“招工难”和部分群体“就业难”现象并存。

（2）平等协商集体合同工作亟须提质增效。企业组织结构和用工方式日趋复杂，开展集体协商、职代会审议、集体合同备案等工作机制需进一步创新，新就业形态劳动者权益协商机制需进一步探索。集体协商人才队伍建设有待进一步加大力度，职工方、企业方协商代表培训覆盖面还需不断扩大。集体协商的宣传工作尚需进一步加强，引导社会各界认识、支持集体协商工作。

（3）构建和谐劳动关系面临较大挑战。受逆全球化思潮影响，经济全球化步伐明显放缓，我国一些出口导向型企业、传统劳动密集型企业、中小微企业生产经营面临不少压力和困难，劳动争议有所增加，对部分区域、行业劳动关系和谐稳定带来影响。随着数字经济的发展，新就业形态劳动者大量涌现，一些企业通过劳务外包打“隔断”，规避用工主体责任，劳动合同用工作为企业基本用工形式受到影响，劳动者权益受到侵害等现象对劳动关系规则的适用和调整提出了新挑战。

（4）建立合理收入分配机制的任务依然艰巨。目前，劳动报酬占初次分配的比重仍然偏低；行业间收入分配差距仍然较大；最低工资标准调整放缓；工资决定和正常增长机制不健全，根治欠薪的长效机制有待落实；政府对企业工资收入分配的宏观调控和管理作用有限。因此，工会必须认真研究并在实践中寻求解决方案，确保按劳分配在国民收入分配格局中占据主体地位，实现各要素之间的均衡收入分配。

（5）社会保障体系还需进一步完善。目前，我国劳动保障法律体系仍不完善，社会保险覆盖面仍需扩大，促进社会保障建设任重道远。因此，要完善社会保障法律法规，扩大新就业形态劳动者、农民工、其他灵活就业人员、劳务派遣工等群体参保率显得尤为紧迫。

（6）困难职工帮扶工作形势依然严峻。随着我国经济进入新常态，经济下行压力加大，再加之工会帮扶工作的政策和法律依据不够规范，困难职工帮扶中心枢纽型平台功能弱化，帮扶工作欠缺社会舆论引导以及帮扶工作的思路和理念滞后等原因，工会帮扶工作的深度和广度需进一步加大。

（7）农民工工作形势仍然严峻。“三新”经济的发展催生了一支庞大的以网约车司机、快递员、送餐员等为代表的，且以农民工为主体的网约工群体，企业在制订、修改或决定提成比例、接单规则、工作时间、劳动报酬、休息休假、服务标准、奖惩规定等直接涉及劳动者切身利益的规章制度时，很少与劳动者协商，劳动者缺少有效的诉求表达渠道，难以维护自身的劳动经济权益。同时，农民工市民化进程还受到户籍制度、城乡就业制度、社会保障制度等障碍的影响。

7 新时代工会权益保障领域的重点工作有哪些？

新时代工会权益保障领域的重点工作主要包括以下四个方面：

（1）加大源头参与力度。主动参与涉及职工劳动经济权益的顶层设计，加强劳动就业、收入分配、社会保障等劳动经济权益的立法参与，充分反映广大职工的意见和呼声，从源头上维护职工的合法权益。

（2）实现更高质量和更充分就业。第一，积极参与国家就业创业政策的制定，配合做好产业工人队伍建设改革，推动完善产业工人权益保障机制、畅通产业工人流动渠道，推动健全完善省级工会参与促进就业工作协调机制。第二，坚持政策帮扶、制度保障、普惠性服务相结合，组织开展好“工会就业创业系列服务活动”，提供常态化、精准化就业服务。第三，依托各级工会就业服务平台、全国性人力资源机构就业招聘网站等，开设线上专场专区，多渠道促进职工就业创业。第四，围绕国家区域协调发展战略开展劳务协作，组织开展跨地区劳务对接洽谈活动。第五，积极开展家政技能培训，发挥家政服务业促进就业作用。第六，完善就业形势研判制度，构建就业质量指标指数体系。第七，完善重点群体就业支持体系，加强困难群体就业兜底帮扶，创新“困难职工家庭高校毕业生阳光就业暖心行动”。

（3）完善劳动关系协商协调机制。首先，按照党的二十大报告提出的“完善劳动关系协商协调机制”要求，通过推动完善地方协调劳动关系三方委员会建设，培育基层劳动关系公共服务站点，加强劳动关系发展态势监测和分析研判工作，完善和谐劳动关系协商协调机制，深化和谐劳动关系创建活动，构建和谐劳动关系。其次，围绕党的二十大报告中提出的“完善协商民主体系，统筹推进政党协商、人大协商、政府协商、政协协商、人民团体协商、基层协商以及社会组织协商，健全各种制度化协商平台，推进协商民主广泛多层制度化发展”目标要求，持续深入推进集体协商工作提质增效。最后，按照党的二十大报告提出的“加强灵活就业和新就业形态劳动者权益保障”要求，全面推进新就业形态劳动者权益协商协调机制建设，鼓励多层级、多形式地开展协商。

（4）充分发挥工会保障职工权益职能。首先，按照党的二十大报告提出的“完善分配制度”“努力提高居民收入在国民收入分配中的比重，提高劳动报酬在初次分配中的比重”“构建初次分配、再分配、第三次分配协调配套的制度体系”等目标要求，突出维护职工收入分配权益，努力增加低收入者收入，扩大中等收入群体。其次，围绕党的二十大报告提出“健全覆盖全民、统筹城乡、公平统一、安全规范、可持续的多层次社会保障体系”要求，做好工会参与社会保障体系建设工作，推动健全多层次社会保障体系，扩大社会保险覆盖面。最后，按照党的二十大报告提出的“增进民生福祉，提高人民生活品质”“着力解决好人民群众急难愁盼问题，健全基本公共服务体系，提高公共服务水平，增强均衡性和可及性，扎实推进共同富裕”的目标要求，坚持以职工为中心，为职工做好事、办实事、解难事，不断增强职工群众的获得感、幸福感、安全感。

8 如何以“五化”建设为引导更好维护新就业形态劳动者权益？

工会组织要准确把握新形势新任务，找准切入点结合点，以“服务化、体系化、品牌化、创新化、数智化”建设为引导，更好维护新就业形态劳动者权益。

（1）以服务化为导向。工会要根据劳动者群体的结构变化，尤其是根据新就业形态劳动者的行业分布、职业特征以及对劳动保障权益需求的新特征，把服务工作做实、做细。

（2）以体系化为目标。工会应当围绕工会的核心职能，建立集调查研究、权益维护、信息报送、监督评估、沟通协调等职能于一体的维权服务体系，优化服务流程，提高服务质量。

（3）以品牌化为抓手。有品牌才能有扩散效应，好的品牌就是口碑，能带来信任，也是金字招牌。工会组织已经打造了“工”字系列职工文化特色品牌，产生了很好的社会效果。工会维护新就业形态劳动者权益，也需要以品牌化为抓手。

（4）以创新化为突破。工会要创新工作思路、工作机制和工作方式，从推动和监督用人单位为主要责任主体向直接为劳动者提供服务转变，从关注基本权益和提供均等化服务向兼顾基本权益和特殊权益、兼顾服务的均等化和精准性转变，从行政化管理方式向数智化服务方式转变等。

（5）以数智化为支撑。工会组织作为维护职工权益的群团组织，要充分利用好数智化技术，开发集收纳职工诉求、监测职工权益保障状况、提供权益保障服务为一体的数智化工具，提高服务职工的便捷度和精准性。

LAO DONG JIU YE

第二部分

劳动就业

9 什么是劳动就业？其主要形式有哪些？

劳动就业就是具有劳动能力的人，运用生产资料从事合法社会劳动，并获得相应劳动报酬或经营收入的经济活动。劳动就业具有以下特征：

（1）劳动者在法定劳动年龄内，并具有劳动权利能力和劳动行为能力的公民。

（2）劳动者在主观上有就业的意愿。

（3）劳动者所从事的是合法的有益于国家和社会的经济活动。

（4）劳动者所从事的是限于国民经济领域的社会劳动。

（5）劳动者从事的社会劳动须在一定期间达到一定量，获得相应的劳动报酬或收入，并足以构成其生活主要来源。

劳动就业的主要形式有：

（1）正规就业。劳动者在用人单位从事全日制劳动。

（2）灵活就业。劳动者从事非全日制劳动，如小时工、弹性工时、阶段性就业等。

（3）个体经营就业。劳动者从事个体工商经营活动。

10 我国就业的方针是什么？

党的二十大报告指出，就业是基本的民生。强化就业优先政策，健全就业促进机制，促进高质量充分就业。健全就业公共服务体系，完善重点群体就业支持体系，加强困难群体就业兜底帮扶。统筹城乡就业政策体系，破除妨碍劳动力、人才流动的体制和政策弊端，消除影响平等就业的不合理限制和就业歧视，使人人都有通过勤奋劳动实现自身发展的机会。劳动就业是党和国家制定的指导劳动就业工作的总原则。它是根据不同时期的社会劳动力供求情况以及社会经济、政治状况，为充分利用劳动力资源和实现劳动力供求基本平衡所确定的指导就业工作的总原则。《就业促进法》第二条规定，坚持劳动者自主择业、市场调节就业、政府促进就业的方针，多渠道扩大就业。

（1）“劳动者自主择业”是指劳动者个人是市场就业的主体，到什么岗位、以什么方式就业均由劳动者个人选择和决定，以充分发挥个人在就业中的积极性。

（2）“市场调节就业”是指通过培育与发展劳动力市场，以市场价格调节各类劳动力供求，引导劳动者个人的择业行为，实现用人单位和劳动者自主就业的双向选择。

（3）“政府促进就业”是指一方面政府要在促进经济发展、经济结构调整和制定积极的就业政策、加强就业服务等方面采取措施，增加全社会总的就业岗位数量，以促进劳动者就业并实现更高质量的就业；另一方面政府应积极鼓励多渠道、多形式就业，扶持劳动者自主创业，以创业带动就业。

11 当前我国就业形势存在哪些难点和风险？

当前我国经济发展已经从高速增长阶段转向高质量发展阶段，面对外部环境不确定性因素增加，以及国内经济下行压力加大的影响，党和国家坚持就业优先战略和积极就业政策，强化财政、货币等宏观政策与就业政策协同联动，并出台一系列援企、减负、稳岗、扩就业政策和专项措施，就业形势总体稳定。

但随着国际环境的深刻变化，就业工作面临的不确定性、不稳定性依然较多，难点和风险不容忽视：

（1）就业总量需求较大。尽管我国劳动年龄人口开始逐步减少，但总量压力依然存在。与此同时，我国经济潜在增长率呈放缓趋势，经济增长对就业的拉动效应有所减弱。

（2）结构性就业矛盾仍然存在。随着产业转型升级、技术进步加快，我国劳动力供给侧与需求侧均出现较大变化，工业机器人、数字化智能设备的大规模应用不断创造新的就业岗位。与此同时，大量劳动者技能提升相对滞后，难以适应新就业岗位的要求，导致就业结构性矛盾进一步加剧。

（3）高校毕业生就业压力较大。一方面，每年大量的高校毕业生进入就业市场，加剧了就业市场的竞争，特别是一些热门行业和职位。另一方面，高校毕业生就业能力、就业意愿与市场需求匹配度不高，“慢就业”现象日益突出。

（4）个性化需求增加就业难度。随着生活水平的提高，部分劳动者的就业观念发生变化，对工作地点、收入水平、工作环境、职业发展等方面有更高的个性化要求，增加了就业难度。

12 什么是劳动就业权?

劳动就业权是劳动者最基本的权利之一，是指具有劳动权利能力与劳动行为能力，并且有就业意愿的劳动者依法从事有劳动报酬或经营收入的劳动的权利。市场经济下的就业权，是其所谓“限定劳动权”，即劳动者的就业是通过劳动力市场供需匹配实现的，国家不再直接限制或包办，仅负有促进和保障就业的责任，但这种责任又有别于计划经济下的统包统分，而是创造就业机会和实行失业救济。

《宪法》第四十二条第一款规定，中华人民共和国公民有劳动的权利和义务。《劳动法》第三条又规定，劳动者享有平等就业和选择职业的权利。因此，市场经济条件下的就业权，包含两重含义：一是自由工作或就业的权利，这一权利又包括平等就业权和自由择业权两个方面。二是请求提供有报酬的工作机会的权利，又称职业保障权。

劳动就业权的内容包括：职业获得权、就业自由权、就业平等权、就业服务权、就业援助权和非法定情由不失去劳动机会的权利。

13 什么是劳动合同？劳动合同订立需要遵循什么原则？

劳动合同又称劳动契约、劳动协议，是劳动者与用人单位之间确立劳动关系、明确双方权利和义务的协议。根据这一协议，劳动者加入企业、个体经济组织、事业组织、国家机关、社会团体等用人单位，成为该单位的一员，承担一定的工种、岗位和服务工作，并遵守所在单位的劳动规则和其他规章制度；用人单位应及时安排被录用的劳动者工作，按照劳动者提供劳动的数量和质量支付劳动报酬，并根据劳动法律、法规规定和劳动合同的约定提供必要的劳动条件，保证劳动者享有劳动保护及社会保险、福利等权利和待遇。

根据《劳动合同法》第三条的规定，订立劳动合同应当遵守以下原则：

（1）合法原则。劳动合同必须依法订立，做到主体合法、内容合法、形式合法、程序合法。只有合法的劳动合同才能产生相应的法律效力。

（2）公平原则。劳动合同的内容应当公平、合理，劳动合同双方当事人在符合法律规定的前提下，公平、合理地确定双方的权利和义务。

（3）平等自愿。平等是指当事人双方的法律地位平等，不存在命令与服从的关系，任何以强迫、胁迫、欺骗等非法手段订立的劳动合同，均属无效。自愿是指订立劳动合同必须出自双方当事人自己的真实意愿，是在充分表达各自意见的基础上，经过平等协商而达成的协议。

（4）协商一致。双方当事人应当依法就劳动合同订立的有关事项，采用协商的办法达成一致协议。

（5）诚实信用。这一原则要求当事人订立劳动合同的行为必须诚实，双方为订立劳动合同提供的信息必须真实。

14 劳动合同的必备条款和约定条款有哪些？

劳动合同条款分为必备条款和约定条款。必备条款是指劳动合同必须具备的内容，包括：

（1）用人单位的名称、住所和法定代表人或主要负责人：明确用人单位的法律身份和责任人。

（2）劳动者的姓名、住址和居民身份证或者其他有效身份证件的号码：明确劳动者的身份信息。

（3）劳动合同期限：明确劳动合同的类型（固定期限、无固定期限或者以完成一定工作任务为期限）和期限的起止时间。

（4）工作内容和工作地点：明确劳动者的工作职责和工作地点，确保工作内容具体、明确。

（5）工作时间和休息休假：规定劳动者的工作时间安排，包括标准工作时间、加班等，以及休息日和法定节假日的安排。

（6）劳动报酬：明确劳动者的工资支付、支付方式和支付时间，以及加班工资、奖金、津贴等的计算和支付方法。

（7）社会保险：约定用人单位和劳动者参加社会保险的种类、范围和双方的责任。

（8）劳动保护、劳动条件和职业危害防护：规定用人单位提供符合国家安全卫生标准的劳动保护措施和劳动条件，以及对职业病危害的防护措施。

（9）法律、法规规定应当纳入劳动合同的其他事项：根据相关法律法规的规定，可能需要包括的其他必要条款。

约定条款又称协商条款，包括：

（1）试用期：根据岗位需求和劳动者的情况，约定试用期的长短。

（2）培训：约定劳动者在职期间的培训机会、培训费用的承担和培训后的服务期限。

（3）保守商业秘密和竞业限制：约定劳动者对商业秘密的保密义务和离职后的竞业限制条款。

（4）补充保险：在法定社会保险之外，用人单位和劳动者约定的额外保险项目，用以提供更全面的保障。

（5）福利：约定用人单位提供的其他福利。

15 劳动合同生效的条件是什么？

《劳动合同法》第十六条规定，劳动合同由用人单位与劳动者协商一致并经用人单位与劳动者在劳动合同文本上签字或者盖章生效。劳动合同文本由用人单位和劳动者各执一份。因此，劳动合同的生效，是指具备有效要件的劳动合同按其意思表示的内容产生了法律效力，此时该劳动合同的内容才对签约双方具有法律约束力。劳动合同生效的条件包括：

（1）劳动合同的双方当事人必须具备法定的资格。

（2）劳动合同的内容和形式必须合法，不得违反法律的强制性规定或者社会公共利益。

（3）劳动合同需要由用人单位与劳动者协商一致订立。

劳动合同是劳动者与用人单位之间建立劳动关系的法律依据，是双方当事人明确各自权利与义务的基本形式，也是劳动者维护自身合法权益的最直接的证据。因此，《劳动合同法》规定，劳动合同文本应当由用人单位和劳动者各执一份。

16 劳动合同无效或部分无效的情形包括哪些?

无效的劳动合同，是指当事人所订立的劳动合同不符合法律、法规规定，或缺少有效要件，导致全部或部分不具有法律效力的劳动合同。无效劳动合同从订立时就没有法律约束力。按合同无效程度可分为全部无效或部分无效。根据《劳动合同法》第二十六条规定，劳动合同无效或部分无效的情形包括：

（1）以欺诈、胁迫的手段或者乘人之危，使对方在违背真实意思的情况下订立或者变更劳动合同的。双方在订立劳动合同、拟定劳动合同条款时应当遵循平等自愿、诚实信用原则。而欺诈、胁迫手段或者乘人之危使劳动关系的一方违背了其真实意愿，因而该劳动合同无效。

（2）用人单位免除自己的法定责任、排除劳动者权利的无效。劳动合同订立应遵循公平原则，核心含义就是要求劳动合同当事人的权利与义务相一致。为了保障劳动者的合法权益，用人单位免除己方法定责任而拟定的条款无效。

（3）违反法律、行政法规强制性规定的。

注意：对劳动合同的无效或部分无效有争议的，必须由劳动争议仲裁机构或者人民法院依法认定，其他机构如劳动行政部门、劳动争议调解委员会、工会等机构都不具有认定劳动合同效力的权利。劳动合同被确认无效，劳动者已付出劳动的，用人单位应当向劳动者支付劳动报酬。劳动报酬的数额，参照本单位相同或相近岗位劳动者的劳动报酬确定。劳动合同被确认无效，给对方造成损害的，有过错的一方应当承担赔偿责任。劳动合同部分无效，不影响其他部分效力的，其他部分仍然有效。

17 在订立劳动合同过程中，应注意哪些问题？

劳动合同是劳动者与用人单位确立劳动关系、明确双方权利和义务的协议。订立书面劳动合同是证明劳动者与用人单位存在劳动关系的最直接、最基本的证据，也是在发生劳动争议后寻求法律救济的重要依据。

根据《劳动合同法》的相关规定，订立劳动合同应注意以下四个方面的问题：

（1）准确、完整地填写劳动者姓名、住址、居民身份证或者其他有效身份证件号码以及用人单位的名称、住址、电话、法定代表人姓名等。

（2）准确填写合同内容中的劳动报酬、工作岗位和工作地点，以免引发劳动争议。

（3）不签订空白合同，更不要在空白纸上签字。空白合同是指劳动合同期限、工资、工作岗位等涉及劳动者切身利益的内容为空白的合同。由于合同不完整，一旦劳动者签字，用人单位就可能在空白处填写对其不利的内容。

（4）劳动合同签订后，应由合同双方主体签字盖章，并由双方各保存一份。

18 工会如何帮助、指导职工签订劳动合同?

《工会法》第二十条第一款规定，工会帮助、指导职工与企业、实行企业化管理的事业单位签订劳动合同。《劳动合同法》第六条规定，工会应当帮助、指导劳动者与用人单位依法订立和履行劳动合同，并与用人单位建立集体协商机制，维护劳动者的合法权益。

工会帮助、指导职工签订劳动合同，就是要让职工深刻地认识到签订劳动合同的重要意义，明确劳动合同内容对自己权利义务的重要影响，使之成为依法维护自身合法权益的有效手段和法律形式。具体地说，工会应当从以下几个方面帮助和指导职工签订劳动合同：

（1）加强对劳动合同制度的宣传，教育和引导职工增强签订劳动合同的主动性。工会要通过各种媒体和宣传手段，广泛宣传国家的劳动法律法规和政策规定，宣传推行劳动合同制度的重要性、必要性，在全社会形成“有劳动关系就要签订劳动合同”的共识，营造有利于推进劳动合同制度实施的良好社会氛围。

（2）积极参与劳动合同文本的制定和修改。工会参与劳动合同文本的制定和修改，是保证职工与用人单位平等自愿、公正合理地协商劳动合同内容，切实维护职工合法权益的有效手段。

（3）充分发挥集体合同对劳动合同的规范作用。工会要充分发挥集体合同对劳动合同的规范作用，积极代表职工依法与用人单位进行平等协商、签订集体合同。要用集体合同规范劳动合同，把集体合同中通过平等协商取得的成果充分体现在职工的劳动合同之中。

（4）在签订和履行劳动合同过程中为职工提供具体帮助和指导。工会为职工提供相关法律政策咨询服务，帮助职工了解劳动法律法规和政策规定，督促企业履行告知义务，如实告知职工工作内容、工作条件、工作地点、职业危害、安全卫生状况、劳动报酬、保险福利以及职工希望了解的其他与订立和履行劳动合同直接相关的情况。

（5）依法对用人单位签订劳动合同进行监督。工会要督促用人单位建立劳动合同管理档案，提高劳动合同管理水平。要及时掌握职工劳动合同的签订、变更、续订、解除、终止和履行情况，为帮助和指导职工签订和履行劳动合同做好基础性工作。

19 用人单位单方解除劳动合同应当事先通知工会吗？

用人单位单方解除劳动合同应当事先通知工会，工会对用人单位单方解除劳动合同具有监督权。《劳动合同法》第四十三条规定，用人单位单方解除劳动合同，应当事先将理由通知工会。用人单位违反法律、行政法规规定或者劳动合同约定的，工会有权要求用人单位纠正。用人单位应当研究工会的意见，并将处理结果书面通知工会。工会的监督权主要体现在以下三个方面：

（1）工会的事先知情权。用人单位单方解除劳动合同，不论何种情形，都必须在解除劳动合同之前将解除劳动合同的理由告知本单位工会。工会有知悉用人单位解除劳动合同理由的权利。

（2）要求纠正的权利。如果用人单位单方解除劳动合同的行为，违反法律、行政法规的规定或者劳动合同的约定，工会有要求用人单位纠正自己行为、恢复劳动关系的权利。工会认为用人单位违反法律、行政法规规定或者劳动合同约定，即可要求其纠正。工会要求用人单位纠正，必须有充分的理由，并指出用人单位如何违法或者违反约定。

（3）要求处理的权利。工会对用人单位单方解除劳动合同的行为提出意见或者要求用人单位纠正的，用人单位必须认真研究，作出答复或者相应的处理。如果工会的意见正确，用人单位应当纠正自己的行为，恢复劳动关系；如果工会的意见不正确，用人单位应当认真说明解除劳动合同的理由。不论用人单位纠正自己的错误行为还是向工会解释理由，都必须书面告知工会。

20 工会在劳动合同工作中的主要任务有哪些?

工会在劳动合同工作中的主要任务有以下三项：

（1）帮助和指导职工签订好劳动合同。《劳动合同法》第六条明确规定，工会应当帮助、指导劳动者与用人单位依法订立和履行劳动合同。这是法律赋予工会的职责，也是工会推动劳动合同制度实施的重要手段和主要工作。向职工广泛宣传劳动合同法律法规和政策规定，宣传推行劳动合同制度的意义，提高职工对劳动合同的认知度。为职工提供具体帮助指导，依法规范劳动合同的签订、履行、变更、解除和终止的条件和程序，重新签订不规范的劳动合同。

（2）努力提高劳动合同建制率。在稳定国有、集体及其控股企业、外商投资企业劳动合同建制率的基础上，将劳动合同建制的重点领域向私营企业和农民工转移。跟踪和指导劳务派遣工与劳务公司签订劳动合同，关注供给侧结构性改革过程中转岗、分流安置职工的劳动合同签订，督促企业及时与职工续签、重签或改签劳动合同。

（3）加强对劳动合同执行情况的监督检查。工会要将劳动和执行情况作为工会劳动法律监督的重点，积极推动各级人大开展《劳动法》《劳动合同法》执法检查，建立健全监督检查组织和制度，监督劳动合同双方认真履行劳动合同。对不履行劳动合同义务的企业，工会应依法要求纠正，或支持职工通过协商、调解、仲裁、诉讼方式解决。对不签订和不履行劳动合同义务的企业，工会应督促劳动保障部门责令其改正，并依法予以行政处罚。

21 我国法律法规对工作时间有何具体规定？

《劳动法》第三十六条规定，国家实行劳动者每日工作时间不超过八小时、平均每周工作时间不超过四十四小时的工时制度。1995 年 5 月 1 日起，《国务院关于修改〈国务院关于职工工作时间的规定〉的决定》中规定标准工作日工作时间为八小时，每周工作时间为四十小时。用人单位可根据生产经营的需要对日工作时间和周工作天数临时进行调整。实行计件工作的劳动者，用人单位应当根据每日工作八小时、每周工作四十小时的工时制度，合理确定其劳动定额和计件报酬标准。

22 平台企业与工会应当如何确定新就业形态劳动者工作时间?

平台企业与工会应当根据法律法规精神和行业管理规定，结合行业特点和企业实际，平等协商合理确定新就业形态劳动者连续最长接单时间和每日最长工作时间。接单时间是指劳动者自执行订单任务时起至完成任务时止的全部时间。劳动者同一时间接两个及以上订单，接单时间不重复计算。劳动者因作业性质和特点，在接单时间内执行订单任务期间可获得连续较长休息时间的，该休息时间可不计入工作时间。每日工作时间包括当日累计接单时间和适当考虑劳动者必要的在线等单、服务准备、生理需求等因素确定的宽放时间。企业明确要求新就业形态劳动者在线时间或在指定时间前往指定场所接受常规管理的，企业要求的在线时间和线下接受常规管理时间计入工作时间。劳动者达到连续最长接单时间和每日最长工作时间的，系统应推送休息提示，并停止推送订单一定时间。若劳动者当时正在执行订单任务过程中，从该订单任务完成后开始计算停止推送订单时长。

23 我国职工依法享有哪些休息休假权?

我国职工依法享有以下休息休假权:

（1）工作日内的间隔时间，是指劳动者在一个工作日内进行工作过程中的休息时间和用餐时间。

（2）两个工作日之间的休息时间，是指劳动者在前一个工作日结束后至后一个工作日开始之间的休息时间。

（3）公休假日，即周休息日，是指劳动者在一周（七日）内享有不少于二十四小时的连续休息时间。《劳动法》第三十八条规定："用人单位应当保证劳动者每周至少休息一日。"

（4）法定节假日，是指法律规定用以纪念、庆祝活动的休息时间。

（5）探亲假，是指劳动者的工作地点与父母或配偶的居住地不在一起，不住在一起，又不能在公休假日团聚的，可以享受的与父母或配偶团聚的带薪假期。"不能在公休假日团聚"是指不能利用公休假日在家居住一夜和休息半个白天。根据《国务院关于职工探亲的待遇规定》第二条规定，享受职工探亲假的条件是：凡在国家机关、人民团体和全民所有制企业、事业单位工作满一年的固定职工，与配偶不住在一起，又不能在公休假日团聚的，可以享受探望配偶的待遇；与父亲、母亲都不住在一起，又不能在公休假日团聚的，可以享受探望父母待遇。但是，职工与父亲或与母亲一方能够在公休假日团聚的，不能享受探望父母的待遇。

（6）年休假，是指职工每年在一定时期内享有保留工作和工资的连续休息的时间。机关、团体、企业、事业、民办非企业、有雇工的个体工商户等单位的职工连续工作一年以上，均享受带薪年休假。职工累计工作已满一年不满十年的，年休假五天；已满十年不满二十年的，年休假十天；已满二十年的，年休假十五天。

（7）婚丧假，是指劳动者本人结婚以及劳动者的直系亲属死亡时依法享有的假期。

24 我国现行劳动法律法规直接涉及就业的劳动立法有哪些？

我国现行劳动法律法规直接涉及就业的劳动立法主要有以下九类：

（1）综合类，主要包括《劳动法》。

（2）劳动合同类，包括《劳动合同法》和《劳动合同法实施条例》。

（3）集体协商与集体合同类，包括《集体合同规定》《工资集体协商办法》等部门规章。

（4）工作时间和休息休假类，包括《国务院关于职工工作时间的规定》《全国年节及纪念日放假办法》《国务院关于职工探亲待遇的规定》《职工带薪年休假条例》等行政法规，还包括《贯彻〈国务院关于职工工作时间的规定〉的实施办法》《关于企业实行不定时工作制和综合计算工时工作制的审批办法》等部门规章。

（5）劳动安全类，包括法律、行政法规和部门规章。其中，法律包括《矿山安全法》《安全生产法》等。行政法规包括《工厂安全卫生规程》《企业职工伤亡事故报告和处理规定》《锅炉压力容器安全监察暂行条例》《女职工劳动保护特别规定》《禁止使用童工规定》等。另外，国家还出台了一些配套的部门规章，包括《重大事故隐患管理规定》《劳动安全卫生监察员管理办法》《劳动部关于女职工禁忌劳动范围的规定》《未成年工特殊保护规定》等。

（6）职业培训类，包括《职业教育法》以及《就业训练中心管理规定》《职业技能鉴定规定》《职业资格证书规定》《就业训练规定》《从事技术工种劳动者就业上岗前必须培训的规定》《企业职工培训规定》《劳动预备制度实施方案》等部门规章。

（7）就业促进与劳动力市场管理类，包括《就业促进法》《残疾人就业条例》等法律和行政法规以及《劳动力市场管理规定》《就业服务与就业管理规定》等部门规章。

（8）劳动监察类，包括《劳动保障监察条例》《劳动监察规定》等行政法规和部门规章。

（9）劳动争议处理类，包括《劳动争议调解仲裁法》。

25 如何看待新就业形态？

新就业形态就业人员，主要包括交通出行、外卖配送、网络零售、直播销售、互联网医疗等领域的平台就业人员。新就业形态就业人员包括：一是将互联网平台作为经营载体或信息提供者实现就业的劳动者，其与平台企业之间的权利义务关系适用民事法律调整；二是依托平台就业，与平台企业之间订立劳动合同或符合确立劳动关系情形的劳动者；三是依托平台就业，工作有较大自主性，劳动过程受到平台企业的管理，不完全符合确立劳动关系的情形。

目前，我国新就业形态蓬勃发展、方兴未艾，类型丰富多样，已经覆盖生产生活各领域、高中低端各层次，从业人员数量迅猛增长，规模持续扩大。新就业形态在稳经济、保就业、促增收方面发挥了重要作用，有效减轻了困难群体的就业压力。特别是面对经济下行压力增大的形势，新就业形态发挥了“蓄水池”功能，为防范规模性失业风险、保持就业局势总体稳定作出了积极贡献。

26 工会如何参与就业服务工作?

工会要充分运用自身政治优势、组织优势、群众优势、资源优势，在促进劳动者充分就业、平等就业、提高劳动者就业质量等方面积极发挥作用，为稳定职工就业贡献工会力量。工会应从以下几个方面参与就业服务工作：

（1）持续关注职工群众就业状况。密切关注就业形势，依托工会劳动关系监测平台，加强与高校、专业机构合作，及时了解掌握重点行业、重点地区企业用工和职工劳动经济权益状况。主动与有关部门沟通，及时反映职工在就业岗位、工作时间等方面存在的问题，积极参与相关政策制定。

（2）积极协助落实助企稳岗政策。加强跟踪调研，及时掌握重点行业、重点群体稳岗政策落实情况，协助做好政策微调。发挥工会媒体、各类宣传渠道作用，做好政策宣传解读，推动政策应知尽知。加大小微企业工会经费返还力度，配合政府部门抓好各项政策落实，助力企业纾困解困、稳岗扩岗。

（3）不断创新工会就业创业服务。进一步丰富全国工会就业创业服务系列活动内容，加大工作推动力度，开展常态化、精准化的就业服务。依托各级工会就业服务平台、全国性人力资源机构就业招聘网站，开设大型专项招聘活动线上专场专区。以工会技能培训促就业行动为主要载体，开展多元化、差异化的就业技能培训，缓解结构性就业矛盾。开展工会就业创业服务公益活动，以创业带动就业。

（4）做好重点群体就业援助。在全国范围内开展“困难职工家庭高校毕业生阳光就业暖心行动”，对困难家庭高校毕业生优先推荐岗位。加强灵活就业服务，举办“工会进万家·新就业形态劳动者暖心行动”线上专场招聘会，为新就业形态劳动者提供更多合适岗位。对特困行业转岗职工、就业困难群体，持续加强就业帮扶，协助政府落实兜底保障政策。

JI NENG PEI XUN

第三部分

技能培训

27 什么是职业培训权?

职业培训权也称职业技能培训权，是指劳动关系中的劳动者享有在准备就业和实现就业的过程中，为提高个人的技术技能而参加国家和企业举办的各种职业培训的权利。

职业培训权的法律依据有：

（1）《宪法》的规定。《宪法》第四十六条规定，中华人民共和国公民有受教育的权利和义务。

（2）《劳动法》的规定。《劳动法》第三条、第六十六条、第六十七条、第六十八条规定，劳动者享有接受职业技能培训的权利。国家通过各种途径，采取各种措施，发展职业培训事业，提高劳动者素质，增强劳动者的就业能力和工作能力。各级政府应当把发展职业培训纳入社会经济发展规划，鼓励和支持有条件的企业、事业组织、社会团体和个人进行各种形式的职业培训。用人单位应当建立职业培训制度，按照国家规定提取和使用职业培训经费，根据本单位实际，有计划地对劳动者进行职业培训。

（3）《就业促进法》的规定。根据《就业促进法》第五章规定，县级以上人民政府应当通过制订并实施职业能力开发计划；鼓励和支持各类职业院校、职业技能培训机构和用人单位依法开展就业前培训、在职培训、再就业培训和创业培训；促进劳动者提高职业技能，增强就业能力和创业能力。同时，企业应当按照国家有关规定提取职业教育经费，对劳动者进行职业技能培训和继续教育培训。

（4）《职业教育法》的规定。《职业教育法》第三条规定，职业教育是与普通教育具有同等重要地位的教育类型，是国民教育体系和人力资源开发的重要组成部分，是培养多样化人才、传承技术技能、促进就业创业的重要途径。

28 职业培训可以分为哪些类型?

我国职业培训可以分为以下类型：

（1）就业培训，又称就业前培训或从业培训，泛指对所有欲从事职业活动人员所进行的旨在帮助他们提高就业和再就业能力而进行的必需的职业知识、职业技能的培养和训练活动。

（2）在职培训，也称在岗培训，是指企事业单位的员工进行的不脱离生产、工作岗位，以提高岗位工作能力和综合素质为目的的思想道德、职业技能和创新能力等方面的培训活动，包括学徒培训、技术等级培训、岗位培训、岗位练兵、技术比武等。

（3）再就业培训，是指对社会失业人员和企业下岗员工所进行的重新就业必须具备的职业技能、职业道德和职业纪律等方面的培训活动。

（4）创业培训，是指对具有创业愿望和相应条件的人员所进行的开办小企业或自谋职业所必备的基础知识和创业能力的培训。

29 企业在保障劳动者职业培训权实施方面承担哪些责任？

工会应当监督企业执行劳动法律法规的情况，督促企业依法保障劳动者的职业培训权，履行以下法定职责：

（1）依法建立职业培训制度。《劳动法》第六十八条规定，用人单位应当建立职业培训制度，按照国家规定提取和使用职业培训经费，根据本单位实际，有计划地对劳动者进行职业培训。从事技术工种的劳动者，上岗前必须经过培训。

（2）足额提取职业教育经费。《就业促进法》第四十七条规定，企业应当按照国家有关规定提取职工教育经费，对劳动者进行职业技能培训和继续教育培训。《就业促进法》第六十七条还规定，违反本法规定，企业未按照国家规定提取职工教育经费，或者挪用职工教育经费的，由劳动行政部门责令改正，并依法给予处罚。

30 新时代高技能人才队伍建设的目标任务有哪些？

新时代高技能人才队伍建设的目标任务是：到“十四五”末，高技能人才制度政策更加健全、培养体系更加完善、岗位使用更加合理、评价机制更加科学、激励保障更加有力，尊重技能尊重劳动的社会氛围更加浓厚，技能人才规模不断壮大、素质稳步提升、结构持续优化、收入稳定增加，技能人才占就业人员的比例在30%以上，高技能人才占技能人才的比例达到三分之一，东部省份高技能人才占技能人才的比例达到35%。力争到2035年，技能人才规模持续壮大、素质大幅提高，高技能人才数量、结构与基本实现社会主义现代化的要求相适应。

31 企业如何做好高技能人才培养工作？

工会与企业可结合实际把高技能人才培养纳入企业发展总体规划和年度计划，依托企业培训中心、产教融合实训基地、高技能人才培训基地、公共实训基地、技能大师工作室、劳模和工匠人才创新工作室、网络学习平台等，大力培养高技能人才。国有企业要结合实际将高技能人才培养规划的制定和实施情况纳入考核评价体系。

32 企业如何健全高技能人才岗位使用机制？

工会与企业可按照以下几个方面健全高技能人才岗位使用机制：

（1）设立技能津贴、班组长津贴、带徒津贴等，支持鼓励高技能人才在岗位上发挥技能、管理班组、带徒传技。

（2）根据需要，建立高技能领军人才“揭榜领题”以及参与重大生产决策、重大技术革新和技术攻关项目的制度。

（3）实行“技师＋工程师”等团队合作模式，在科研和技术攻关中发挥高技能人才创新能力。

（4）支持高技能人才兼任职业学校实习实训指导教师。

（5）注重青年高技能人才选用。高技能人才配置状况应作为生产经营性企业及其他实体参加重大工程项目招投标、评优和资质评估的重要因素。

33 企业完善技能要素参与分配的措施有哪些?

工会与企业可按照以下几个方面完善技能要素参与分配制度：

（1）建立健全基于岗位价值、能力素质和业绩贡献的技能人才薪酬分配制度，实现多劳者多得、技高者多得，促进人力资源优化配置。国有企业在工资分配上要发挥向技能人才倾斜的示范作用。

（2）根据地区发布分职业（工种、岗位）、分技能等级的工资价位信息，企业与技能人才协商确定工资水平。

（3）在聘的高技能人才在学习进修、岗位聘任、职务晋升、工资福利等方面，分别比照相应层级专业技术人员享受同等待遇。

（4）完善科技成果转化收益分享机制，对在技术革新或技术攻关中作出突出贡献的高技能人才给予奖励。

（5）高技能人才可实行年薪制、协议工资制，企业可对作出突出贡献的优秀高技能人才实行特岗特酬，积极运用中长期激励工具，加大对高技能人才的激励力度。

（6）畅通为高技能人才建立企业年金的机制，为包括高技能人才在内的职工建立企业年金。完善高技能特殊人才特殊待遇政策。

34 高技能领军人才培育的指导思想是什么？

高技能领军人才培育的指导思想是：以习近平新时代中国特色社会主义思想为指导，深入贯彻党的二十大精神，坚持党对高技能人才队伍建设的全面领导，培养一批爱党报国、敬业奉献、素质优良、技艺精湛的高技能领军人才，支持他们不断成长、发挥作用，为全面建设社会主义现代化国家、推动高质量发展提供高技能人才有力支撑。

35 高技能领军人才的范围包括哪些？

高技能领军人才的范围是：政治立场坚定、践行工匠精神、解决生产难题、推动创新创造、培养青年人才的骨干中坚技能人才，包括获得全国劳动模范、中华技能大奖、全国技术能手、全国五一劳动奖章等荣誉，或享受省级以上政府特殊津贴、获得省级以上表彰奖励，或各省（自治区、直辖市）政府认定的

“高精尖缺”高技能人才。

36 高技能领军人才培育计划的工作目标是什么?

高技能领军人才培育计划的工作目标是：以实施新时代人才强国战略为指导，紧密围绕国家重大战略、重大工程、重大项目、重点产业需求，动员和依托社会各方面力量，在先进制造业、现代服务业等有关行业重点培育领军人才。力争用 3 年左右时间，全国新培育领军人才 1.5 万人次以上，带动新增高技能人才 500 万人次左右。健全培养、使用、评价、激励联动推进机制，加快培养高质量发展所需的技术技能型、复合技能型、知识技能型和数字技能型领军人才，全方位用好领军人才，发挥领军人才引领示范作用，带动高技能人才整体发展。

37 企业如何畅通高技能领军人才晋升成长通道?

工会与企业结合实际，可以按照以下几个方面畅通高技能领军人才晋升成长通道：

（1）健全“新八级工”技能岗位等级设置，在设有高级技师的职业（工种）中增设特级技师和首席技师技术职务（岗位），推进特级技师和首席技师评聘工作。

（2）对技能岗位等级设置完整的职业（工种），企业可直接认定技师、高级技师、特级技师和首席技师。

（3）对技艺高超、业绩突出的一线职工，进一步打破学历、资历、年龄、比例等限制，可直接认定高级工以上职业技能等级。

（4）对解决重大工艺技术难题和重大质量问题、技术创新成果获得省部级以上奖项的高技能人才，可破格晋升职业技能等级。

（5）支持理论水平高、创新能力强的高技能人才参加相应专业技术职称评审。

SHOU RU FEN PEI

第四部分

收入分配

38 什么是工资？工资的形式包括哪些？

工资是指雇主或者法定用人单位依据法律规定、或行业规定、或根据与劳动者之间的约定，以货币形式对劳动者的劳动所支付的报酬。工资可以分为名义工资和实际工资，名义工资不考虑物价上涨的因素，实际工资则是剔除物价上涨因素之后的实际所得，也就是货币工资实际购买商品和劳务的能力。工资的形式包括基本形式和辅助形式。工资的基本形式包括：

（1）计时工资，是指根据劳动者的劳动复杂程度、熟练程度、繁重程度和工作时间长短支付工资的一种形式，计时工资有小时工资制、日工资制和月工资制等三种常见的具体形式。

（2）计件工资，是指按照劳动者生产的合格品的数量或作业量和预先规定的计件单价支付劳动报酬的一种形式。它与计时工资并无本质区别，其区别在于计时工资是用劳动时间作为计量工资的依据，而计件工资则是直接按生产的产品数或完成的一定工作量作为计量工资的依据。

工资的辅助形式包括：

（1）奖金，是指给予付出超额劳动的劳动者的现金奖励。

（2）津贴和补贴，是指为了补偿职工额外和特殊的劳动消耗，或为了保障职工的工资水平不受特殊条件影响而给予的物质补偿。习惯上，属于工作（生产）性质的补偿称作津贴，属于生活性质的补偿称作补贴。

（3）加班加点工资，是指劳动者根据企业、事业、机关行政方面的命令和要求，在法定节日和公休日进行工作，称为加班；在正常工作日延长工作时间，称为加点。加班加点工资是指因加班加点而支付的工资。

（4）特殊情况下的工资，是指在非正常情况下根据规定支付给职工的工资，包括病假工资、工伤医疗期间工资或工伤补贴、产假工资、婚丧假工资、探亲假工资、事假工资以及履行国家和社会义务工资。

39 我国工资分配的原则是什么？

《劳动法》第四十六条规定，工资分配应当遵循按劳分配原则，实行同工同酬。工资水平在经济发展的基础上逐步提高。国家对工资总量进行宏观调控。这一规定，明确了我国工资分配的原则：

（1）按劳分配原则，是指把劳动量作为个人消费品分配的主要标准和形式，按照劳动者的劳动数量和质量分配个人消费品，多劳多得，少劳少得。

（2）同工同酬原则，是指用人单位对于从事相同工作岗位、付出相同劳动、取得相同工作业绩的劳动者，支付大体相同的劳动报酬。同工同酬必须具备三个条件：一是劳动者的工作岗位、工作内容相同；二是在相同的工作岗位上付出了与别人同样的劳动工作量；三是同样的工作量取得了相同的工作业绩。

（3）工资水平适应经济发展原则。生产决定分配，只有经济发展才能提供更多可供分配的社会产品；只有社会生产力发展了，才具备提高工资水平的物质基础。

（4）工资总量宏观调控原则，是指国家根据既定的宏观经济、社会目标，对地区、部门（产业）、单位工资总量的确定和相互关系，综合运用经济、行政和法律等多种手段进行调节和控制，以实现资源优化配置和国民经济协调发展，使消费基金的增长与生产基金的增长相协调，消费与生产比例关系趋于合理。

40 我国劳动报酬权的基本内容是什么？

我国劳动报酬权的基本内容包括以下三个方面：

（1）劳动报酬协商权，是指劳动者与用人单位依法通过协商确定劳动报酬的形式与水平的权利。在我国法律制度中，劳动报酬协商权分为两类：一是劳动者个人与用人单位协商制度；二是职工方代表与企业方代表依法就企业内部工资分配制度、工资分配形式、职工年度平均工资水平及其调整幅度等事项进行平等协商，在协商一致的基础上签订工资协议的行为。

（2）劳动报酬请求权，是指劳动者与用人单位建立劳动关系、付出劳动后，有权请求用人单位按时足额支付劳动报酬的权利。劳动报酬请求权在性质上属于优先权，即优先受偿权。根据《企业破产法》第一百三十二条的规定，破产财产清偿的第一顺序便是破产企业职工的工资和医疗、伤残和补助、抚恤费用，所欠的应当划入职工个人账户的基本养老保险、基本医疗费用以及法律、行政法规规定应当支付给职工的补偿金。

（3）劳动报酬支配权，是指劳动者独立支配管理和处分自己劳动报酬的权利。

41 我国工资分配制度的主要内容有哪些?

自20世纪90年代以来，我国加快了有关工资分配方面立法的步伐，先后制定出台了《劳动法》《最低工资规定》《工资支付暂行规定》《集体合同规定》《工资集体协商试行办法》《保障农民工工资支付条例》等一系列法律法规和规章，初步建立起以《劳动法》为中心，行政法规、部颁规章为枝叶，辅以地方性行政规章的协调收入分配的法律规范体系，使我国的工资分配制度逐步纳入法治化轨道。工资分配制度是确定和支付职工劳动报酬的原则、形式、办法和规定的总称。我国现行工资分配制度的内容很广泛，主要包括以下六种：

（1）等级工资制。它是根据工作复杂程度、繁重程度、风险程度、精确程度等因素将各类工作进行等级划分并规定相应的工资标准的工资分配制度，在工资分配中居于主导地位，是其他工资制度的基础，主要包括技术等级工资制、岗位等级工资制、职能等级工资制等。

（2）结构工资制。它是基于工资的不同职能，将工资总额划分为若干相对独立的工资单元，各单元又规定不同的结构系数，组成有质的区别和量的比例关系的工资分配制度，一般包括基本工资、岗位工资、绩效工资、技能工资、浮动工资、年功工资等。

（3）岗位技能工资制。它是以按劳分配为原则，以劳动技能、劳动责任、劳动强度和劳动条件等基本劳动要素评价为基础，以岗位和技能为主要内容的工资分配制度。

（4）岗位薪点工资制。它是在对岗位的劳动责任、劳动技能、劳动强度和劳动条件评价的基础上，用点数和点值来确定职工实际劳动报酬的工资分配制度。

（5）绩效工资制。它是将职工的工资与个人工作业绩挂钩的工资分配制度，有利于使职工工资与可量化的业绩挂钩，将激励机制融于组织目标和个人业绩的联系之中，有利于工资分配向业绩优秀者倾斜，从而提高企业经济效益。

（6）提成工资制。它是企业实际销售收入减去成本开支和应缴纳的各种税费后，剩余部分在企业和职工之间按不同比例分成的工资分配制度。

42 最低工资制度的主要内容是什么？

最低工资标准是指劳动者在法定工作时间或依法签订的劳动合同约定的工作时间内提供了正常劳动的前提下，用人单位依法应支付的最低劳动报酬。所谓正常劳动是指劳动者按照依法签订的劳动合同约定，在法定工作时间或劳动合同约定的工作时间内从事的劳动。劳动者依法享受带薪年休假、探亲假、婚丧假、生育（产）假、节育手术假等国家规定的假日期间，以及法定工作时间内依法参加社会活动期间，视为提供了正常劳动。

最低工资标准不包括：

（1）加班加点工资。

（2）中班、夜班、高温、低温、井下、有毒有害等特殊工作环境、条件下的津贴。

（3）用人单位依法为劳动者缴纳的养老、医疗、失业、工伤、生育等社会保险费。

（4）用人单位通过补贴伙食、住房等支付给劳动者的非货币性收入等。

（5）法律、法规和国家政策规定的其他福利待遇。

43 试用期的工资，是否也受用人单位所在地最低工资的限制？

《劳动合同法》第二十条规定，劳动者在试用期的工资不能低于本单位相同岗位最低档工资或者劳动合同约定工资的百分之八十，并不得低于用人单位所在地的最低工资标准。《劳动法》第四十八条规定，国家实行最低工资保障制度。最低工资的具体标准由省、自治区、直辖市政府规定，报国务院备案。《劳动合同法实施条例》第十五条规定，劳动者在试用期的工资不得低于本单位相同岗位最低档工资的 80% 或者劳动合同约定工资的 80%，并不得低于用人单位所在地最低工资标准。

44 工资支付的基本要求有哪些？

工资支付的基本要求包括：

（1）货币支付。《劳动法》《工资支付暂行规定》均规定，工资应当以法定货币支付，不得以实物及有价证券替代货币支付。

（2）按时支付。工资一般应当按月支付，用人单位和劳动者可以约定工资支付日期，工资发放日如遇节假日或休息日，则应提前在最近的工作日支付。

（3）足额支付。用人单位必须按照劳动者应得工资的全部数额向劳动者实际支付。禁止以各种理由克扣劳动者工资，一般情形下，也不允许用人单位代扣劳动者工资。但下列情形不属于克扣劳动者工资：一是国家法律、法规中有明确规定的；二是依法签订的劳动合同中有明确约定的；三是用人单位依法制订并经职工大会（或职工代表大会）批准的厂规、厂纪中有明确规定的；四是企业工资总额与经济效益相联系，经济效益下滑时，工资必须浮动的，但支付给提供正常劳动职工的工资不得低于当地最低工资标准；五是因劳动者请病事假等相应减发工资等。根据法律规定，用人单位在下列情形下可以代扣劳动者工资：一是用人单位代扣代缴的个人所得税；二是用人单位代扣代缴的应当由劳动者个人负担的各项社会保险费用；三是法院判决、裁定中要求代扣的抚养费、赡养费；四是法律、法规规定可以从劳动者工资中扣除的其他费用。

（4）向劳动者本人支付。用人单位应将工资支付给劳动者本人，劳动者本人因故不能领取工资时，可由其亲属或委托他人代领。

45 特殊情况下的工资支付包括哪些？

特殊情况下的工资支付是指在法律规定的特殊情形和合同约定的情况下，按照有关规定和约定，而不按照劳动者提供劳动的数量和质量支付给劳动者的工资。特殊情况下的工资支付主要包括：

（1）法定休假日工资。法定休假日是指法律规定的劳动者休假时间，包括法定节假日、周休假日、法定带薪年休假。在此期间工资照发。

（2）婚丧假期间工资。《劳动法》第五十一条规定，劳动者在婚丧假期间，用人单位应当依法支付工资。

（3）劳动者依法参加社会活动期间工资。根据《工资支付暂行规定》第十条规定，劳动者在法定工作时间内依法参加社会活动期间，用人单位应视同其提供了正常劳动而支付工资。

（4）非因劳动者原因停工、停产期间工资。《工资支付暂行规定》第十二条规定，非因劳动者原因造成单位停工、停产在一个工资支付周期内，用人单位应按劳动合同规定的标准支付劳动者工资。超过一个工资支付周期的，若劳动者提供了正常劳动，则支付给劳动者的劳动报酬不得低于当地的最低工资标准；若劳动者没有提供正常劳动，应按国家有关规定办理。

（5）探亲假期间工资。劳动者在国家规定的探亲休假期内探亲的，用人单位应按劳动合同规定的标准支付劳动者工资。

（6）病假期间工资。职工患病或非因工负伤治疗期间，在规定的医疗期间内由用人单位按有关规定支付其病假工资或疾病救济费，病假工资或疾病救济费可以低于当地最低工资标准支付，但不能低于最低工资标准的 80%。

46 如何支付加班加点工资？

劳动者根据用人单位生产和工作的需要，在法定节日和公休假日内进行工作，称为加班；在正常工作日延长工作时间，称为加点。加班加点工资是指因加班加点而支付的工资，其支付标准是：

（1）用人单位依法安排劳动者在法定标准工作时间以外延长工作时间的，按照不低于劳动合同规定的劳动者本人小时工资标准的 150% 支付劳动者工资。

（2）用人单位依法安排劳动者在休息日工作，而又不能安排补休的，按照不低于劳动合同规定的劳动者本人日或小时工资标准的 200% 支付劳动者工资。

（3）用人单位依法安排劳动者在法定节日工作的，按照不低于劳动合同规定的劳动者本人日或小时工资标准的300%支付劳动者工资。

按照《关于职工全年月平均工作时间和工资折算问题的通知》，日工资、小时工资按照下列方式折算：

（1）日工资＝月工资收入/21.75天。

（2）小时工资＝日工资收入/8小时。

实行计件工资的劳动者，在完成计件定额任务后，由用人单位安排延长工作时间的，应根据上述规定的原则，分别按照不低于其本人法定工作时间计件单价的150%、200%、300%支付其工资。

47 用人单位拖欠或者未足额支付工资的，劳动者可以采取什么措施？

用人单位拖欠或者未足额支付劳动报酬的，劳动者可以采取以下措施维护自身的合法权益：

（1）向用人单位主张权利。劳动者可以与用人单位进行协商，告知用人单位自己可能采取的手段。例如，随时解除劳动合同，向劳动保障部门投诉，向劳动仲裁机构申请仲裁，向人民法院申请支付令等。如果经过协商，用人单位按照劳动合同约定支付了劳动报酬，这是最简捷、成本最低的办法。

（2）向劳动保障监察部门投诉。《劳动合同法》第七十四条规定，县级以上地方人民政府劳动行政部门依法对用人单位支付劳动合同约定的劳动报酬和执行最低工资标准的情况进行监督检查。劳动保障监察部门可以责令用人单位按照约定支付劳动者劳动报酬，用人单位逾期不支付的，按应付金额 50% 以上 100% 以下的标准责令向劳动者加付赔偿金。

（3）向人民法院申请支付令。《劳动合同法》第三十条第二款规定，用人单位拖欠或者未足额支付劳动报酬的，劳动者可以依法向当地人民法院申请支付令，人民法院应当依法发出支付令。申请支付令是特别程序，根据上述规定，劳动者无须经劳动仲裁后再向人民法院申请，而是可以直接申请。劳动者提出申请时，应当说明劳动报酬的金额以及有关事实和证明。用人单位在收到支付令十五日内应当向劳动者支付劳动报酬；不支付的，劳动者可以申请人民法院强制执行。

（4）向劳动争议仲裁机构申请仲裁。《劳动争议调解仲裁法》第二条规定，用人单位与劳动者因劳动报酬、工伤医疗费、经济补偿或者赔偿金等发生的争议，可以向劳动争议仲裁机构申请仲裁。此外，《劳动合同法》第三十八条规定，用人单位未及时足额支付劳动报酬的，劳动者可以解除劳动合同。当然，劳动者解除劳动合同仍然有权采取以上措施维护自身的合法权益。

48 用人单位不依法支付工资可能面临哪些刑罚和行政处罚？

《刑法》第二百七十六条规定了拒不支付劳动报酬罪，即以转移财产、逃匿等方法逃避支付劳动者的劳动报酬或者有能力支付而不支付劳动者的劳动报酬，数额较大，经政府有关部门责令仍不支付的，处三年以上有期徒刑或者拘役，并处或者单处罚金；造成严重后果的，处三年以上七年以下有期徒刑，并处罚金。单位犯前款罪的，对单位判处罚金，并对直接负责的主管人员和其他直接责任人员，依照前款的规定处罚。有前两款行为，尚未造成严重后果，在提起公诉前支付劳动者的劳动报酬，并依法承担相应赔偿责任的，可以减轻或者免除处罚。

根据《劳动合同法》第八十五条的规定，用人单位不依法支付工资的，由劳动行政部门责令限期支付劳动报酬，逾期不支付的，由劳动行政部门责令用人单位按照法定标准向劳动者加付赔偿金。如果用人单位在被劳动行政部门责令支付后仍不支付的，则构成《劳动保障监察条例》第二十九条规定的“经劳动保障行政部门责令改正拒不改正，或者拒不履行劳动保障行政部门的行政处理决定的”行为，劳动行政部门有权处以2000元以上2万元以下的罚款。

同时，《保障农民工工资支付条例》第五十四条规定，有下列情形之一的，由人力资源社会保障行政部门责令限期改正；逾期不改正的，对单位处2万元以上5万元以下的罚款，对法定代表人或者主要负责人、直接负责的主管人员和其他直接责任人员处1万元以上2万元以下的罚款：

（1）以实物、有价证券等形式代替货币支付农民工工资。

（2）未编制工资支付台账并依法保存，或者未向农民工提供工资清单。

（3）扣押或者变相扣押用于支付农民工工资的银行账户所绑定的农民工本人社会保障卡或者银行卡。

49 平台企业应当如何确定并支付新就业形态劳动者劳动报酬？

平台企业与工会应当结合行业特点和企业实际，平等协商制定新就业形态劳动者劳动报酬规则，明确劳动定额标准、抽成比例、计件单价、劳动报酬支付周期、考核办法等，确保新就业形态劳动者提供劳动获得合理劳动报酬。对于不完全符合确立劳动关系情形但企业对劳动者进行劳动管理的新就业形态劳动者，平台企业应当根据劳动者实际工作地人民政府规定的小时最低工资标准支付劳动报酬。

平台企业应当按时足额支付新就业形态劳动者劳动报酬，不得克扣或无故拖欠。企业支付劳动报酬时，应当向劳动者提供本人的劳动报酬清单。企业应当以货币形式将劳动报酬支付给新就业形态劳动者本人，不得以实物及有价证券替代货币支付。新就业形态劳动者在法定节假日工作的，企业应当向劳动者支付高于正常工作时间劳动报酬的合理报酬。平台企业应当对用工合作企业按时足额发放新就业形态劳动者劳动报酬等情况进行监督。

50 工会如何参与和推动最低工资制度的完善和落实？

严格执行《最低工资规定》对保障劳动者合法权益、规范企业工资支付行为、促进经济发展和社会稳定具有重要意义。工会应从以下四个方面参与和推动最低工资制度的完善和落实：

（1）加强调查研究。通过对当地职工工资水平、社会保障状况、工资支付情况、基本生活费用以及本地区经济发展、就业和最低工资执行等情况的调查研究，在科学论证和广泛征求职工群众意见的基础上，提出本地区最低工资标准调整的意见和建议。

（2）积极参与制订当地工资标准调整方案。地方工会要积极参与制订调整最低工资标准的方案，推动建立最低工资正常调整机制，保证最低工资标准每两年至少调整一次。要求政府劳动保障部门在制订最低工资标准时，将劳动者应缴纳的社会保险费用、住房公积金等考虑在内，并逐步提高最低工资占在岗职工平均工资的比例。

（3）推动和督促企业严格执行最低工资制度。各地要建立自上而下的最低工资监督检查制度和自下而上的最低工资监督举报机制。每年要对本地区、本单位，特别是外商投资企业、私营企业以及农民工比较集中的企业，执行最低工资制度的情况进行专项检查。工会要重点纠正随意提高劳动定额、压低计件工资单价、不依法支付加班工资等变相降低工资水平，使职工收入低于最低工资标准的违法行为。工会要督促企业整改并补发职工应得工资，如果企业拒不改正，工会应及时向当地劳动保障部门举报，督促、协助劳动保障部门予以纠正并按照有关规定进行处罚。

（4）加大对最低工资保障制度的宣传力度。各级工会要充分利用报纸、杂志、广播、电视、网络等媒体以及工会的文化宫、俱乐部等宣传阵地广泛宣传最低工资保障制度的相关内容，帮助劳动者特别是农民工了解最低工资标准、内容，以及对企业违法行为的举报程序。

51 工会工资工作的主要抓手有哪些?

党的二十大指出，要“坚持按劳分配为主体、多种分配方式并存”的分配制度，重点强调“构建初次分配、再分配、第三次分配协调配套的制度体系”，首次提出“规范财富积累机制”，进一步强调“提低扩中”。针对当前收入分配领域影响职工权益的突出问题，重点抓好以下五个方面的工作：

（1）积极参与宏观分配体制改革，推动建立职工工资正常增长机制。一是推动完善最低工资保障制度。要在发展生产的基础上适时提高最低工资标准，促进低收入岗位工资增长。探索建立行业最低工资标准，更好发挥最低工资制度的保障作用。二是推动完善工资指导线制度。要加强对工资指导线的研究，提高其科学性和准确性。要尽快制定和发布行业工资指导线，使地区工资指导线和行业工资指导线相结合，引导企业合理确定职工的工资水平和增长幅度。三是加强劳动定额标准制定和管理工作，推动政府劳动主管部门尽快制定出台有关政策措施规范企业劳动定额管理。四是促进消除各种形式的体制性障碍，建立统一开放的劳动力市场，实现同工同酬。

（2）建立和完善以工资集体协商制度为主要形式的企业工资决定机制。一是按照“市场机制调节，企业自主分配，职工民主参与，政府监控指导”的企业工资收入分配制度改革基本要求，推动建立和完善以工资集体协商制度为主要形式的企业工资决定机制。二是明确工资集体协商的主要任务：营造协商共识、提升协商能力，完善法律法规、健全相关制度，推动建立与我国社会主义市场经济相适应的、具有中国特色的工资集体协商制度。三是加强协商主体建设，大力推进区域性、行业性工资集体协商。

（3）健全完善根治欠薪工作长效机制，重点解决建筑施工等领域拖欠农民工工资问题。

（4）加强工资立法，切实做好执法监督检查。推动《工资条例》的制定和出台，将以上三项机制建设纳入法治轨道。

（5）加强调查研究，提高工会工资干部的业务素质。

52 什么是协调劳动关系三方机制?

协调劳动关系三方机制是指政府、雇主及雇主组织、工人及工会组织三方之间，通过相关组织机构和程序规则，就有关立法、经济与社会政策的制定、劳动关系调整及与之相关重大问题的解决，相互沟通，平等交涉，共商对策，合作共事的交往活动，旨在缓和劳资矛盾，减少劳资纠纷，稳定劳动关系，促进经济发展和社会进步。其基本含义包括：

（1）三方协商是政府、雇主组织和工会三方有组织、有目的的共同行为。

（2）三方各自代表不同的利益主体，通过地位平等的协商、谈判及各种表达方式和合作手段来维护各自利益，实现各自目的。

（3）三方协商的目的是促进三方的相互了解和良好合作，维护劳动秩序，稳定劳动关系，促进经济发展，改善劳动条件和提高生活水平。

（4）三方在充分沟通和交流达成共识的基础上，按照所代表的主体利益，各自履行自身工作职责，发挥作用。

从本质上看，三方机制的运作，体现为劳动关系双方及各自代表组织与政府之间的社会对话，其具有以下四个方面的特点：

（1）三方机制的主体具有独立性和对等性。政府、雇主组织、工会组织三方身份和地位独立，不存在隶属关系，任何一方不得凌驾于他方之上，无权单方发号施令，指使、命令他方。

（2）三方机制具有民主性和合作性。三方机制的本质是一种社会对话，其通过对话和协商，互相理解，互相支持，充分合作，最终实现协调劳动关系的目的。

（3）三方机制具有多层性。国家内部三方机制既可以在国家一级，也可以在地方一级和产业一级运作。

（4）三方机制涉及议题具有广泛性。三方议题涉及经济与社会政策、产业政策、劳动立法、就业政策、劳动合同制度、集体合同制度、劳动标准、劳动安全卫生、社会保险、重大劳动争议与突发事件的处理、劳动法律监督等，内容广泛、层次丰富。

53 我国协调劳动关系三方机制的组织结构和体系是什么？

自国家协调劳动关系三方印发《关于建立健全劳动关系三方协调机制的指导意见》以来，各地积极推进协调劳动关系三方机制建设，成立办公室设在人力资源社会保障部门的协调劳动关系三方会议（委员会），制定工作制度和规程，本着相互理解、相互信任、相互支持和兼顾国家、企业、职工利益的原则，充分发挥三方机制优势，就劳动关系领域相关问题在最广泛的范围内达成一致意见。目前，我国协调劳动关系三方机制主要有国家级、省级、地市级、县级四级。

（1）国家级三方机制。国家一级三方机制的基本形式是“国家协调劳动关系三方会议制度”，由政府部门、工会、企业代表组织组成，成员单位为人力资源社会保障部、全国总工会、中国企业联合会/中国企业家协会、全国工商业联合会。三方会议实行执行主席制，由政府部门的执行主席牵头并主持会议。

（2）省级及以下三方机制。省级及以下协调劳动关系三方会议（委员会）一般由各级人力社会保障部门会同同级工会、企业联合会和工商业联合会以联席会议、委员会等形式组成，一些地方还吸收国资委、个体协会、民营企业协会、外商投资企业协会等单位、组织参加。除此以外，根据协商协调内容，部分地方三方会同公安、司法、信访等部门共同做好劳动关系领域相关工作。

目前，全国各省（自治区、直辖市）和新疆生产建设兵团以及绝大多数地市、县均建立了三方机制，部分地方三方机制建设向乡镇（街道）和工业园区延伸，少数地方还探索建立了行业性三方机制，成为地方行业性劳动关系协商协调机制的有益补充。我国初步形成层级分明、覆盖广泛的协调劳动关系三方机制组织体系，各级三方不断健全协调劳动关系三方机制，共同推动了劳动法律法规的实施，促进了劳动关系领域利益协调机制、权益保障机制、诉求表达机制、矛盾调处机制的建设，推动解决了大量劳动关系矛盾纠纷，对构建和谐劳动关系发挥了独特作用。

54 工会如何在三方机制中发挥作用?

积极参与和推动三方机制工作，是工会的一项重要任务和义不容辞的责任。工会应当从以下几个方面发挥作用：

（1）推动健全完善三方机制。在巩固完善国家和省一级三方机制的同时，大力推进建立市（地）、县（市、区）一级三方机制，积极稳妥发展乡镇、街道和社区一级的三方机制。

（2）推动拓展参与三方机制工作的范围。根据协调劳动关系的实际需要，工会应积极与其他相关部门加强联系与合作，吸收政府其他相关部门和其他相关企业组织，参与有关内容的协商与协调，进一步挖掘社会资源，整合社会力量，拓宽社会对话范围，扩展协商内容，使三方机制与我国协调劳动关系的客观要求相适应。

（3）推动制定和完善劳动法律法规和政策。要密切配合政府部门、企业代表组织，共同推动《集体协商法》《企业工资条例》的制定和出台，加快建立健全劳动保障法律体系。

（4）推动加强劳动关系协调机制建设。建立健全劳动合同、集体合同、劳动争议调解和仲裁、劳动关系预防预警预测制度，加强劳动关系协调。

（5）参与协调解决劳动关系领域重点难点问题。应突出劳动就业、工资分配、社会保障、劳动安全卫生等难点问题，与政府劳动保障等部门和企业代表组织进行协商，充分反映和代表广大职工的意愿和要求，使三方机制在协调劳动关系、维护职工合法权益、促进经济发展和社会进步中发挥作用。

55 创建和谐劳动关系的指导思想是什么?

创建和谐劳动关系的指导思想是：以习近平新时代中国特色社会主义思想为指导，深入贯彻党的二十大精神，完整、准确、全面贯彻新发展理念，加快构建新发展格局，着力推动高质量发展，全面落实党中央、国务院关于构建和谐劳动关系的重要决策部署，以促进企业发展，维护职工权益为目标，坚持稳中求进工作总基调，在更大范围、更广层次、更多内容上不断丰富和发展和谐劳动关系创建实践，实现企业和职工协商共事、机制共建、效益共创、利益共享，打造企业与职工的利益共同体、事业共同体、命运共同体，使广大职工建功立业新时代的团结力量充分涌现，使各类企业尊重劳动、造福职工的崇德向善行为蔚然成风，让推动企业高质量发展的和谐动力竞相迸发，为构建中国特色和谐劳动关系奠定坚实基础。

56 创建和谐劳动关系应遵循的工作原则是什么?

创建和谐劳动关系应当遵循以下工作原则：

（1）坚持党的全面领导。发挥党总揽全局、协调各方的领导核心作用，健全党委领导的政府、工会、企业三方共同参与的协商协调机制。

（2）坚持增进民生福祉。以满足人民日益增长的美好生活需要为根本目的，在企业发展的基础上，着力解决好职工急难愁盼问题，不断提高职工权益保障水平。

（3）坚持法治规范保障。增强企业和职工法治观念，推动企业依法规范用工，职工依法维护权益，提高劳动关系治理法治化水平。

（4）坚持文化凝心聚力。以社会主义核心价值观为引领，培育企业关心关爱职工、职工爱岗爱企的和谐文化理念，不断巩固劳动关系双方协商共事、合作共赢、发展共享的共同思想基础。

（5）坚持创新稳健并重。坚持因地制宜、因势利导，科学把握创建工作的时度效，突出重点、分类施策，典型引路，循序渐进。增强问题意识，不断推动实践创新、理论创新、制度创新。

57 和谐劳动关系创建的重点是什么？

企业和谐劳动关系创建的重点是：

（1）建立健全企业党组织，充分发挥党组织在和谐劳动关系创建活动中把关定向、团结凝聚各方力量的作用。

（2）全面落实劳动合同、集体合同制度，加强企业民主管理，依法保障职工劳动报酬、休息休假、劳动安全卫生、社会保险、职业技能培训等基本权益。

（3）建立职工工资集体协商和正常增长机制，加强劳动保护，改善劳动条件。

（4）建立企业劳动争议调解委员会，强化劳动争议预防，促进劳动争议协商和解。

（5）加强人文关怀，培育企业关心关爱职工、职工爱岗爱企的企业文化。

工业园区、街道（乡镇）和谐劳动关系创建的重点内容是：

（1）健全工业园区、街道（乡镇）党委领导的构建和谐劳动关系工作机制，加强对创建活动的组织领导，推动辖区内企业普遍开展和谐劳动关系创建活动。

（2）建立健全劳动关系协调机制、矛盾调处机制、权益保障机制，加强劳动保障法律宣传、用工指导服务，搭建劳动关系双方沟通协调平台，及时预防化解劳动关系矛盾。

（3）布局劳动关系基层公共服务站点，为企业和劳动者提供一站式、智慧化、标准化劳动关系公共服务。

58 和谐劳动关系的创建标准是什么？

根据《关于推进新时代和谐劳动关系创建活动的意见》，企业和谐劳动关系的创建标准有以下九条：

（1）企业党组织健全。

（2）企业工会组织健全、运行顺畅。

（3）以职工（代表）大会制度为基本形式的企业民主管理

制度健全，完善厂务公开制度，公司制企业依法设立职工董事、职工监事。

（4）企业劳动争议调解委员会机构健全、制度完善，建立劳动争议预防预警机制。

（5）职工培训制度健全。

（6）重视企业文化建设。

（7）加强对职工的人文关怀，不断改善职工的生产和生活条件。

（8）职工爱岗敬业、遵守纪律、诚实守信，对企业的责任感、认同感和归属感较强。

（9）职工对劳动报酬、社保缴纳、休息休假、工作环境、技能培训、劳动条件、协商民主、人文关怀等指标综合评价满意度高。

工业园区、乡镇（街道）和谐劳动关系创建标准：

（1）工业园区、乡镇（街道）党委领导的构建和谐劳动关系工作机制健全，将创建活动纳入当地党委、政府重要议事日程，制定出台推进创建活动的实施方案，完善政府、工会、企业代表组织共同参与的劳动关系协商协调机制。

（2）辖区内企业用工管理普遍合法合规，基本达到创建标准。

（3）辖区内企业普遍建立以工资集体协商为重点的集体合同制度，对不具备单独开展条件的小微企业，通过签订区域性、行业性集体合同实现覆盖。

（4）依法建立工会组织、企业代表组织以及劳动争议调解组织，健全劳动关系矛盾纠纷排查预防和联动化解机制。

（5）成立厂务公开协调领导机构，辖区内企业普遍建立以职工代表大会为基本形式的企业民主管理制度，对不具备单独建立条件的小微企业，通过区域性（行业）职代会实现覆盖。

（6）辖区内防范和处置重大安全生产、重大职业危害事故以及重大劳动关系群体性、突发性事件的机制健全有效。

（7）根据辖区内企业规模，合理布局劳动关系基层公共服务站点。

59 如何开展好和谐劳动关系创建活动？

创建活动是一项政策性强的系统性社会工程，涉及劳动关系的建立、运行、监督、调处和源头参与等各个方面，并与各地经济社会发展大局紧密相连。开展和谐劳动关系创建活动应当从以下几个方面着手：

（1）强化组织领导。和谐劳动关系创建活动是构建和谐劳动关系的重要载体。一是各级协调劳动关系三方要充分认识深入推进新时代和谐劳动关系创建活动的重大意义，切实增强责任感和使命感，把创建活动作为新时代构建中国特色和谐劳动关系的一项重要任务；二是要在党委、政府的统一领导下，健全组织领导机制，推动形成党委领导、政府负责、社会协同、企业和职工参与、法治保障的工作格局；三是要积极争取党委、政府支持，将创建活动纳入当地经济社会发展总体规划和政府目标责任考核体系，确保专项经费投入，定期公布创建单位。

（2）强化责任传导。各级协调劳动关系三方要建立创建活动工作目标责任制，将创建活动任务分解到各部门、各环节，明确责任主体、重点任务、时间进度、保障措施，确保创建活动落地落实落细。

（3）强化服务指导。各级协调劳动关系三方要结合各自职能，发挥三方机制优势，形成工作合力，加强对创建活动的部署、组织、调度，推动创建活动深入开展。

（4）强化检查督导。各级协调劳动关系三方要采取系统检查与联合检查相结合、自我检查与上级抽查相结合、综合检查和专项检查相结合的方法，重点对创建活动部署、创建活动进度、创建活动举措、创建活动成效等进行检查督导，及时研究解决创建活动中遇到的新情况新问题，推动创建活动走稳走深走实。

（5）强化宣传引导。各级协调劳动关系三方要加强与主流媒体、新媒体的协同配合，将创建活动与宣传工作一体谋划、一体推进。

SHE HUI BAO ZHANG

第五部分

社会保障

60 什么是社会保险?

社会保险是指国家通过立法，多渠道筹集资金，对参保对象在年老、疾病、工伤、失业、生育等情况下依法提供物质帮助，使他们能够享有基本生活保障的一项社会制度。社会保险资金主要来源于用人单位和参保者本人的缴费，政府给予财政补助并承担最终责任。对于职工参保人来说，只有本人及其所在用人单位履行了缴费义务，才能获得相应的社会保障补偿权利。社会保险主要包括养老保险、医疗保险、失业保险、工伤保险、生育保险等。

61 我国基本养老保险可以分成哪几种类型?

我国实行由基本养老保险、补充养老保险和个人储蓄养老保险构成的多层次的养老保险制度。基本养老保险是国家依法强制建立和实施的社会保险制度。补充养老保险是用人单位在其经济能力范围内为本单位劳动者建立的辅助性养老保险，包括为企业职工提供的企业年金和为机关事业单位工作人员提供的职业年金。个人储蓄养老保险是个人在前两种养老保险之外自愿参加的提高型养老保险。

根据我国法律、法规的规定，我国基本养老保险可以分成以下三种类型：

（1）职工基本养老保险。根据《社会保险法》第十条的规定，其覆盖范围包括以下两类人员：一是在我国境内的企业、事业单位以工资收入为主要生活来源的体力劳动者和脑力劳动者；二是无雇工的个体工商户、未在用人单位参加基本养老保险的非全日制从业人员及其他灵活就业人员。

（2）机关事业单位工作人员基本养老保险。根据国务院有关规定，其覆盖范围包括：一是《公务员法》管理的机关（单位）编制内工作人员；二是《事业单位登记管理暂行条例》规定范围内的事业单位在职在编工作人员。

（3）居民基本养老保险。包括新型农村社会养老保险和城镇居民社会养老保险。根据国务院有关规定，其覆盖范围包括所有年满十六周岁（不含在校学生），不在职工基本养老保险和机关事业单位工作人员基本养老保险等两类基本养老保险覆盖范围内的我国城乡居民。

62 我国基本养老保险缴费比例和基数是如何规定的？

《社会保险法》第十条规定，职工应当参加基本养老保险，由用人单位和职工共同缴纳基本养老保险费。按照国家现行政策规定，我国基本养老保险缴费比例和基数的规定如下：

（1）缴费比例。用人单位和个人基本养老保险的缴费比例一般为工资总额的28%。其中，用人单位一般按本单位职工工资总额的 20% 缴纳（具体由省、自治区、直辖市的人民政府确定），个人按本人上年度月平均工资的 8% 缴纳。

（2）缴费基数。用人单位应当按照本单位全部在职职工工资总额作为缴费基数向社会保险经办机构申报。职工个人按照本人缴费工资的 8% 缴费，计入个人账户，缴费工资为本人上一年度月平均工资。职工本人的月平均工资超过当地职工月平均工资 300% 的部分，不计入个人缴费基数；职工本人的月平均工资低于当地职工月平均工资 60% 的，按当地职工月平均工资的 60% 确定缴费工资基数。

63 如何支付基本养老保险待遇？

我国基本养老金由统筹基金和个人账户养老金组成，其支付方式有两种类型：

（1）职工基本养老保险金由统筹养老金和个人账户养老金组成，机关事业单位工作人员养老保险金由基础养老金和个人账户养老金组成，实行社会化管理，一般由养老保险经办机构代发或者委托金融机构办理发放。参保个人达到法定退休年龄时累计缴费满十五年的，按月领取基本养老金；达到法定退休年龄累计缴费不足十五年的，可以缴费至满十五年，按月领取基本养老金；也可以转入新型农村社会养老保险或者城镇居民社会养老保险，享受相应的养老保险待遇。参保个人因病或非因工死亡的，其遗属可以领取丧葬补助金和抚恤金；在未达到法定退休年龄时因病或非因工致残完全丧失劳动能力的，可以领取病残津贴。

（2）居民基本养老保险待遇由基础养老金和个人账户养老金组成。参保个人年满六十周岁、累计缴费满十五年的，可以按月领取基本养老金。

64 什么是补充养老保险？其内容包括哪些？

根据用人单位的类型，补充养老保险可分为企业年金和职业年金两种类型。

企业年金也叫企业补充养老保险，是指企业及其职工在依法参加基本养老保险的基础上，依据国家政策和本企业经济状况建立的，旨在提高职工退休后生活水平，对国家基本养老保险进行重要补充的一种养老保险形式。

（1）建立企业年金的条件。根据《企业年金办法》第六条规定，符合以下条件的企业，可以建立企业年金：一是依法参加基本养老保险并履行缴费义务；二是具有相应的经济负担能力。

（2）确定企业年金方案的方式。企业建立企业年金，应当与职工一方通过集体协商确定，并制定企业年金方案。企业年金方案应当提交职工代表大会或者全体职工讨论通过。

（3）企业年金缴费。企业年金所需费用由企业和职工个人共同缴纳。企业缴费的列支渠道按国家有关规定执行；职工个人缴费由企业从个人工资中代扣代缴。企业缴费每年不超过本企业职工工资总额的8‰。企业和职工个人缴费合计一般不超过本企业职工工资总额的12‰。

（4）企业年金的领取。职工达到国家规定的退休年龄或完全丧失劳动能力时，可以从本人企业年金个人账户中按月、分次或者一次性领取企业年金，也可以将本人企业年金个人账户资金全部或者部分购买商业养老保险产品，依据保险合同领取待遇并享受相应的继承权。职工或退休人员死亡后，其企业年金个人账户余额可以继承。

职业年金是指机关事业单位及其工作人员在参加机关事业单位基本养老保险的基础上建立的补充养老保险制度。其内容包括：

（1）职业年金的缴费。职业年金所需费用由用人单位和工作人员个人共同承担。单位缴纳职业年金费用的比例为本单位工资总额的8%，个人缴费比例为本人缴费工资的4%，由单位代扣代缴。

（2）职业年金的领取。工作人员在达到国家规定的退休条件并依法办理退休手续后，由本人选择按月领取职业年金待遇的方式。可一次性用于购买商业养老保险产品，依据保险契约领取待遇并享受相应的继承权；也可选择按照本人退休时对应的计发月数计发职业年金月待遇标准，发完为止。出国（境）定居人员的职业年金个人账户资金，可根据本人要求一次性支付给本人。工作人员在职期间死亡的，其职业年金个人账户余额可以继承。

65 我国基本医疗保险可以分成哪几种类型？其缴费比例是如何规定的？

我国基本医疗保险可以分成职工基本医疗保险和居民基本医疗保险两种类型。

（1）职工基本医疗保险对城镇所有用人单位和职工实行强制参保，由单位和个人按照国家规定共同缴纳基本医疗保险费。无雇工的个体工商户、未在用人单位参加职工基本医疗保险的非全日制从业人员以及其他灵活就业人员可以自愿参加职工基本医疗保险，由个人按规定缴纳保费。参保个人达到法定退休年龄时累计缴费达到国家规定年限的，退休后不再缴纳基本医疗保险费，按照国家规定享受基本医疗保险待遇；未达到国家规定年限的，可以缴费至国家规定年限。参保人员就医后，其符合基本医疗保险药品目录、诊疗项目、医疗服务设施标准以及急诊、抢救的医疗费用，按照国家规定从基本医疗保险基金中支付，由社会保险经办机构、药品经营单位直接结算。

（2）我国居民基本医疗保险主要包括新型农村合作医疗制度和城镇居民基本医疗保险制度。大、中、小学的在校学生属于此类保险的覆盖范围。《社会保险法》第二十三条规定，职工应当参加职工基本医疗保险，由用人单位和职工按照国家规定共同缴纳基本医疗保险费。根据国家现行政策规定，用人单位缴费费率控制在职工工资总额的6%左右，职工缴费一般为本人工资收入的2%。

66 失业保险的保障对象是谁？其支付条件及标准是如何规定的？

失业是经济规律和人口规律导致的普遍的市场现象。各国在致力于实现充分就业的同时，通过失业保险等措施对有劳动能力和劳动意愿但暂时丧失劳动机会的人群提供一定的经济保障。在我国，失业保险是对因失业而中断生活来源的劳动者在法定期限内提供保险待遇以维持其基本生活，促进其再就业的一种社会保险制度。

失业保险的保障对象是通过用人单位和本人共同缴纳失业保险费而参加失业保险、非因本人意愿中断就业的职工。所谓“非因本人意愿中断就业”，包括下列情形：

（1）依照《劳动合同法》第四十四条第一项、第四项、第五项规定终止劳动合同的。

（2）由用人单位依照《劳动合同法》第三十九条、第四十条、第四十一条规定解除劳动合同的。

（3）用人单位依照《劳动合同法》第三十六条规定与劳动者协商一致解除劳动合同的。

（4）由用人单位提出解除聘用合同或者被用人单位辞退、除名、开除的。

（5）劳动者本人依照《劳动合同法》第三十八条规定解除劳动合同的。

（6）法律、法规、规章规定的其他情形。

失业人员符合以下条件的，可以从失业保障基金中领取失业保险金：

（1）失业前用人单位和本人已经缴纳失业保险费满一年的。

（2）非因本人意愿中断就业的。

（3）已经进行失业登记，并有求职要求的。

失业保险金的标准，由省级人民政府确定，不得低于城市居民最低生活保障标准。失业人员失业前，用人单位和本人累计缴费满一年不足五年的，领取失业保险金的期限最长为十二个月；累计缴费满五年不足十年的，领取失业保险金的期限最长为十八个月；累计缴费十年以上的，领取失业保险金的期限最长为二十四个月。

67 在我国，认定工伤的情形有哪几种？

工伤是指职工在工作时间和工作场所，因为工作原因而导致的人身伤害。根据《工伤保险条例》第十四条的规定，职工有下列情形之一的，应当认定为工伤：

（1）在工作时间和工作场所内，因工作原因受到事故伤害的。

（2）工作时间前后在工作场所内，从事与工作有关的预备性或者收尾性工作受到事故伤害的。

（3）在工作时间和工作场所内，因履行工作职责受到暴力等意外伤害的。

（4）患职业病的。

（5）因工外出期间，由于工作原因受到伤害或者发生事故下落不明的。

（6）在上下班途中，受到非本人主要责任的交通事故或者城市轨道交通、客运轮渡、火车事故伤害的。

（7）法律、行政法规规定应当认定为工伤的其他情形。

根据《工伤保险条例》规定，职工有下列情形之一的，视同工伤：

（1）在工作时间和工作岗位，突发疾病死亡或者在四十八小时之内经抢救无效死亡的。

（2）在抢险救灾等维护国家利益、公共利益活动中受到伤害的。

（3）职工原在军队服役，因战、因公负伤致残，已取得革命伤残军人证，到用人单位后旧伤复发的。

注意：职工因下列情形之一导致本人在工作中伤亡的，不认定为工伤：（1）故意犯罪的。（2）醉酒或者吸毒。（3）自残或者自杀。（4）法律、行政法规规定的其他情形。

68 劳动能力鉴定的主要程序是什么？

劳动能力鉴定可以按照以下三个步骤进行：

（1）提出申请。职工发生工伤，经治疗伤情相对稳定后存在残疾、影响劳动能力的，或者停工留薪期满（含劳动能力鉴定委员会确认的延长期限），由工伤职工或者用人单位向设区的市级劳动能力鉴定委员会提出劳动能力鉴定申请。

（2）进行审核。劳动能力鉴定委员会收到劳动能力鉴定申请后，对申请人提交的材料进行审核：申请人提交材料完整的，劳动能力鉴定委员会应当组织鉴定，并在收到劳动能力鉴定申请之日起六十日内作出劳动能力鉴定结论。伤情复杂、涉及医疗卫生专业较多的，作出劳动能力鉴定结论的期限可以延长三十日。申请人提交材料不完整的，劳动能力鉴定委员会自收到劳动能力鉴定申请之日起五个工作日内一次性书面告知申请人需要补正的全部材料。

（3）进行鉴定。劳动能力鉴定委员会视伤情程度等从医疗卫生专家库中随机抽取三名或者五名与工伤职工伤情相关科别的专家组成专家组进行鉴定。劳动能力鉴定委员会自作出鉴定结论之日起二十日内将劳动能力鉴定结论及时送达工伤职工及其用人单位，并抄送社会保险经办机构。工伤职工或者用人单位对初次鉴定结论不服的，可以在收到该鉴定结论之日起十五日内向省、自治区、直辖市劳动能力鉴定委员会申请再次鉴定。

69 工伤保险的待遇包括哪些？

工伤保险待遇包括工伤医疗期待遇、因工致残待遇和因工死亡待遇。工伤保险待遇按照不同的费用项目，分别由工伤保险基金或者用人单位支付。因工伤发生的下列费用，按国家规定从工伤保险基金中支付：

（1）治疗工伤的医疗费用和康复费用。

（2）住院伙食补助费。

（3）到统筹地区以外就医的交通食宿费。

（4）安装配置伤残辅助器具所需费用。

（5）生活不能自理的，经劳动能力鉴定委员会确认的生活护理费。

（6）一次性伤残补助金和一至四级伤残职工按月领取的伤残津贴。

（7）终止或者解除劳动合同时，应当享受的一次性医疗补助金。

（8）因工死亡的，其遗属领取的丧葬补助金、供养亲属抚恤金和因工死亡补助金。

（9）劳动能力鉴定费。

因工伤发生的下列费用，按国家规定由用人单位支付：

（1）治疗工伤期间的工资福利。

（2）五级、六级伤残职工按月领取的伤残津贴。

（3）终止或者解除劳动合同时，应当享受的一次性伤残就业补助金。

70 职工因工致残被鉴定伤残的，享受何种待遇？

职工因工致残被鉴定为一级至四级伤残的，保留劳动关系，退出工作岗位，享受以下待遇：

（1）从工伤保险基金按伤残等级支付一次性伤残补助金，标准为：一级伤残为 27 个月的本人工资，二级伤残为 25 个月的本人工资，三级伤残为 23 个月的本人工资，四级伤残为 21 个月的本人工资。

（2）从工伤保险基金按月支付伤残津贴，标准为：一级伤残为本人工资的 90%，二级伤残为本人工资的 85%，三级伤残为本人工资的 80%，四级伤残为本人工资的 75%。伤残津贴实际金额低于当地最低工资标准的，由工伤保险基金补足差额。

（3）工伤职工达到退休年龄并办理退休手续后，停发伤残津贴，按照国家规定享受基本养老保险待遇，基本养老保险待遇低于伤残津贴的由工伤保险基金补足差额。

（4）职工因工致残被鉴定为一级至四级伤残的，由用人单位和职工个人以伤残津贴为基数，缴纳基本医疗保险费。

职工因工致残被鉴定为五级、六级伤残的，享受以下待遇：

（1）从工伤保险基金按伤残等级支付一次性伤残补助金，标准为：五级伤残为 18 个月的本人工资，六级伤残为 16 个月的本人工资。

（2）保留与用人单位的劳动关系，由用人单位安排适当工作。难以安排工作的，由用人单位按月发给伤残津贴，标准为：五级伤残为本人工资的 70%，六级伤残为本人工资的 60%，并由用人单位按照规定为其缴纳应缴纳的各项社会保险费。伤残津贴实际金额低于当地最低工资标准的，由用人单位补足差额。

（3）经工伤职工本人提出，该职工可以与用人单位解除或者终止劳动关系，由工伤保险基金支付一次性工伤医疗补助金，由用人单位支付一次性伤残就业补助金。一次性工伤医疗补助金和一次性伤残就业补助金的具体标准由省、自治区、直辖市人民政府规定。

职工因工致残被鉴定为七级至十级伤残的，享受以下待遇：

（1）从工伤保险基金按伤残等级支付一次性伤残补助金，标准为：七级伤残为13个月的本人工资，八级伤残为11个月的本人工资，九级伤残为9个月的本人工资，十级伤残为7个月的本人工资。

（2）劳动、聘用合同期满终止，或者职工本人提出解除劳动、聘用合同的，由工伤保险基金支付一次性工伤医疗补助金，由用人单位支付一次性伤残就业补助金。一次性工伤医疗补助金和一次性伤残就业补助金的具体标准由省、自治区、直辖市人民政府规定。

71 什么是生育保险？其基本待遇有哪些？

生育保险是指女职工因怀孕和分娩造成暂时不能从事职业劳动、中断正常收入来源时，从国家和社会获得物质帮助的一种社会保险制度。生育保险的对象是我国境内用人单位的女职工，包括企业、机关和事业单位的职工（含非全日制职工）以及无雇工的个体工商户。职工参加生育保险，由用人单位按照国家规定缴纳生育保险费，职工个人不缴纳生育保险费。

生育保险待遇包括生育医疗费用和生育津贴。生育医疗费用包括下列各项：

（1）生育的医疗费用。

（2）计划生育的医疗费用。

（3）法律法规规定的其他项目费用。

职工有下列情形之一的，可以按照国家规定享受生育津贴：

（1）女职工生育享受产假。

（2）享受计划生育手术休假。

（3）法律、法规规定的其他情形。生育津贴按照职工所在用人单位上年度职工月平均工资计发。

72 我国社会保险监督制度的内容包括哪些？

我国社会保险监督制度包括人大监督、政府监督、社会监督、举报投诉以及权利救济和争议解决。其具体内容如下：

（1）人大监督。各级人民代表大会常务委员会听取和审议本级人民政府对社会保险基金的收支、管理、投资运营以及监督检查情况的专项工作报告，组织对社会保险法实施情况的执法检查等，依法行使监督职权。

（2）政府监督。县级以上人民政府社会保险行政部门应当加强对用人单位和个人遵守社会保险法律、法规情况的监督检查。社会保险行政部门对社会保险基金的收支、管理和投资运营情况进行监督检查，发现存在问题的，应当提出整改建议，依法作出处理决定或者向有关行政部门提出处理建议。

（3）社会监督。统筹地区人民政府应当成立由用人单位代表、参保人员代表，以及工会代表、专家组成的社会保险监督委员会，掌握、分析社会保险基金的收支、管理和投资运营情况，对社会保险工作提出咨询意见和建议，实施社会监督。社会保险经办机构应当定期向社会保险监督委员会汇报社会保险基金的收支、管理和投资运营情况。

（4）举报投诉。任何组织或者个人有权对违反社会保险法律、法规的行为进行举报、投诉。社会保险行政部门、卫生行政部门、社会保险经办机构、社会保险费征收机构和财政部门、审计机关对属于本部门、本机构职责范围的举报、投诉，应当依法处理；对不属于本部门、本机构职责范围的，应当书面通知并移交有权处理的部门、机构处理。

（5）权利救济和争议解决。用人单位或者个人认为是社会保险费征收机构的行为侵害自己合法权益的，可以依法申请行政复议或者提起行政诉讼。用人单位或者个人对社会保险经办机构不依法办理社会保险登记、核定社会保险费、支付社会保险待遇、办理社会保险转移接续手续或者侵害其他社会保险权益的行为，可以依法申请行政复议或者提起行政诉讼。个人与所在用人单位发生社会保险争议的，可以依法申请调解、仲裁，提起诉讼。用人单位侵害个人社会保险权益的，个人也可以要求社会保险行政部门或者社会保险费征收机构依法处理。

73 工会社会保险工作的主要内容是什么？

工会社会保险工作的基本职责是维护职工的社会保险权益，其主要内容包括以下三个方面：

（1）参与国家有关职工社会保险方面政策法规的研究与制定，充分反映职工群众的意见、要求和建议，从源头上维护广大职工权益。《社会保险法》第九条规定，工会依法维护职工的合法权益，有权参与社会保险重大事项的研究，参加社会保险监督委员会，对与职工社会保险权益有关的事项进行监督。《社会保险法》第八十条规定，统筹地区人民政府成立由用人单位代表、参保人员代表，以及工会代表、专家等组成的社会保险监督委员会，掌握、分析社会保险基金的收支、管理和投资运营情况，对社会保险工作提出咨询意见和建议，实施社会监督。

（2）开展调查研究，推动并监督有关职工社会保险方面政策法规的贯彻执行，并及时了解和掌握职工群众相关状况，提出相应的对策和建议。《工会法》第三十四条规定，国家机关在组织起草或修改直接涉及职工切身利益的法律、法规、规章时，应当听取工会意见。县级以上各级人民政府制定国民经济和社会发展计划时，对涉及职工利益的重大问题，应当听取同级工会的意见。县级以上各级人民政府及其有关部门研究制定劳动就业、工资、劳动安全卫生、社会保险等涉及职工切身利益的政策、措施时，应当吸收同级工会参加研究，听取工会意见。

（3）发挥工会自身优势，通过各种途径和形式，帮助职工解决在社会保险方面的实际困难，维护职工合法权益。工会主要通过人大、政协以及政府有关部门的联合检查（督察）组、社会保险（保障）监督委员会、三方协商会议、职工（代表）大会、厂务公开等渠道，积极开展有关监督检查工作。

74 工会社会保险工作的难点是什么？

经过近40年的发展，我国的社会保险改革取得了举世瞩目的成就，但社会保险制度改革的任务仍任重道远，还存在诸多亟待解决的问题：

（1）社会保险覆盖面仍需扩大。

（2）职工社会保险待遇水平有待提升。一是职工基本养老保险养老金替代率较低；二是基本医疗保险待遇水平存在差异；三是工伤待遇认定程序和申请规则存在不足，影响职工待遇享受；四是生育保险待遇水平较低。

（3）社会保险制度体系仍需进一步完善。

工会社会保险工作面临以下难点：

（1）工会在完善社会保险制度中的作用还未实现制度化、法治化、规范化。尽管我国有关法律法规中规定了工会组织在社会保险制度中的责任和权力，但缺乏系统性和程序性，可操作性不强。因此，工会推动社会保险制度发展的工作力度还不够大，潜力尚未充分发挥。

（2）工会在社会保险制度中发挥作用面临新的挑战。随着新技术、新业态、新模式的快速发展，新就业形态劳动者在劳动关系中劳动关系模糊化、劳动供给自由化、劳动激励数字化等因素致使部分从业人员社会保险权面临新的挑战。工会应当从源头参与并不断完善新就业形态劳动者社会保险政策法规，切实维护新就业形态劳动者合法社会保险权益。

（3）基层工会干部的能力素质亟须提升。要做好工会社会保险工作，一是必须掌握职工社会保险权益的相关法律知识，明确职工应享有的合法权益；二是掌握必要的业务知识，特别是国家保障制度的建设与实施情况以及与工会社会保险工作相关的政策规定。

75 工会如何在完善社会保险制度中发挥作用？

工会在完善社会保险制度中，应当从以下几个方面发挥作用：

（1）根据职工需求，推动完善社会保险体系。积极推动《社会保险法》有关配套政策的出台，促进职工社会保险与城乡居民社会保险制度整合，提高统筹层次，解决部分领域政策真空和落实难的问题。

（2）进一步拓宽工会参与和监督检查的渠道。一是利用协调劳动关系三方会议制度参与社会保险政策法规的研究和制定，充分体现广大职工的意见和建议，并及时反馈政策法规执行中的问题，以引起决策层的重视。二是充分利用人大中工会代表以及相当一部分工会主席在人大兼职的政治优势，有力推进国家和地方对社会保险的立法，使社会保险制度从政策层面上升到法律规范。三是积极参与党委、政府及人大、政协开展的有关社会保险工作专项监督检查和视察活动，促进解决社会保险政策法规落实中的突出问题，推动社会保险政策法规全面落实。四是推动依法建立社会保险监督委员会，明确其工作机构和牵头部门，建立工作制度，细化主要职责和履职方式，明确社会监督意见的法律效力，确保工会能够全过程、全方位地维护广大职工的社会保险权益。

（3）加强工会干部队伍建设。加大引进专业人才的力度，充实工会参与社会保险建设的人力资源。重视社会保险理论研究和对工会干部的业务培训，提高工会社会保险工作队伍的整体业务素质。

76 什么是社会救助？社会救助的对象包括哪些？

社会救助是国家通过国民收入再分配，对因个人、家庭、自然、社会或者其他原因而无法维持最低生活水平的社会成员给予必要的物质帮助或精神救助，以维持其基本生活需求的一种社会保障制度。社会救助旨在帮助社会弱势群体摆脱生存危机，维护社会秩序稳定。社会救助是社会安全体系中最基本的“兜底线”，是保障公民基本生存的“最后一道防线”。社会救助体系是社会保障制度的重要组成部分，在保障贫困群体基本生活、维护困难群众基本生活权益、促进社会稳定方面发挥着重要作用。它主要包括城市居民最低生活保障制度、农村居民最低生活保障制度（农村五保供养和农村特困救助）、城乡医疗救助制度、临时救济制度、社会互助制度等内容。

社会救助的对象包括以下九类人员：

（1）最低生活保障家庭，是指经县级民政部门或者乡镇人民政府、街道办事处审核确认，符合下列规定的家庭：一是共同生活的家庭成员人均收入低于当地最低生活保障标准；二是家庭财产状况符合当地有关规定。

（2）特困人员，是指经县级民政部门或者乡镇人民政府、街道办事处审核确认，符合无劳动能力、无生活来源且无法定赡养、抚养、扶养义务人，或者其法定赡养、抚养、扶养义务人无赡养、抚养、扶养能力的老年人、残疾人以及未成年人。

（3）低收入家庭，是指经县级民政部门会同相关社会救助管理部门审核确认，符合下列规定的家庭：一是共同生活的家庭成员人均收入低于当地低收入标准；二是家庭财产状况符合当地有关规定；三是未纳入最低生活保障、特困供养范围。

（4）支出型贫困家庭，是指经县级民政部门会同有关社会救助管理部门审核确认，符合下列规定的家庭：一是共同生活的家庭成员年人均收入低于上年度当地居民人均可支配收入；二是家庭财产状况符合当地有关规定；三是医疗、教育等必需支出占家庭总收入的比例达到或者超过当地规定，导致基本生活出现严重困难；四是未纳入最低生活保障、特困供养或者低收入家庭救助范围。

（5）受灾人员，是指基本生活受到自然灾害严重影响的人员。

（6）生活无着的流浪乞讨人员，是指离家在外深陷生存困境、自身无力解决食宿、处于流浪、乞讨状态的人员。

（7）临时遇困家庭或者人员，是指遭遇突发事件、意外伤害、重大疾病或其他特殊原因导致生活暂时陷入困境的家庭或人员。

（8）需要急救，但身份不明或者无力支付费用的人员，是指在我国境内发生急危重伤病、需要急救但身份不明确或无力支付相应费用的人员。

（9）省、自治区、直辖市人民政府确定的其他特殊困难家庭或者人员。

77 社会救助的主要内容有哪些?

根据《社会救助暂行办法》，社会救助的主要内容包括最低生活保障、特困人员供养、受灾人员救助、医疗救助、教育救助、住房救助、就业救助、临时救助等内容。具体内容如下：

（1）最低生活保障，是指国家对共同生活的家庭成员人均收入低于当地最低生活保障标准，且符合当地最低生活保障家庭财产状况规定的家庭，给予最低生活保障。

（2）特困人员供养，是指国家对无劳动能力、无生活来源且无法定赡养、抚养、扶养义务人，或者其法定赡养、抚养、扶养义务人无赡养、抚养、扶养能力的老年人、残疾人以及未满十六周岁的未成年人，给予特困人员供养。

（3）受灾人员救助，是指国家通过自然灾害救助制度，对基本生活受到自然灾害严重影响的人员提供的一种生活救助。

（4）医疗救助，是指国家通过医疗救助制度，保障医疗救助对象获得基本医疗卫生服务。

（5）教育救助，是指国家对在义务教育阶段就学的最低生活保障家庭成员、特困供养人员，给予教育救助。

（6）住房救助，是指国家对符合规定标准的住房困难的最低生活保障家庭、分散供养的特困人员，给予住房救助。

（7）就业救助，是指国家对最低生活保障家庭中有劳动能力并处于失业状态的成员，通过贷款贴息、社会保险补贴、岗位补贴、培训补贴、费用减免、公益性岗位安置等办法，给予就业救助。

（8）临时救助，是指国家对因火灾、交通事故等意外事件，家庭成员突发重大疾病等原因，导致基本生活暂时出现严重困难的家庭，或者因生活必需支出突然增加超出家庭承受能力，导致基本生活暂时出现严重困难的最低生活保障家庭，以及遭遇其他特殊困难的家庭，给予临时救助。

78 社会救助的程序是如何规定的?

社会救助的程序包括救助申请、调查核实、信息核对、审核确认和动态管理等方面，具体规定如下：

（1）救助申请。申请社会救助应当按规定向户籍所在地或者经常居住地的乡镇人民政府、街道办事处提出。

（2）受理、转办申请。乡镇人民政府、街道办事处应当建立统一受理社会救助申请的窗口，完善协同办理机制，及时受理、转办、协办申请事项。

（3）家庭状况报告。申请社会救助，应当按规定如实报告本人和共同生活的家庭成员信息和家庭收入、支出、财产等情况，并授权县级以上人民政府民政部门进行信息核对。

（4）调查核实。乡镇人民政府、街道办事处受理申请后，可以依法依规通过入户调查、邻里访问、信函索证、信息核查等方式，对申请人报告的情况进行调查核实。

（5）信息核对。经社会救助申请人及其共同生活的家庭成员授权，根据乡镇人民政府、街道办事处申请以及相关社会救助部门需要等社会救助工作实际，县级以上人民政府民政部门可以通过户籍管理、税务、社会保险、不动产登记、市场主体登记、住房公积金管理、车船管理等单位和银行、保险、证券等金融机构或提供货币资金转移服务的非银行支付机构查询、核对社会救助申请人及其共同生活的家庭成员收入、财产等状况；必要时，可以对其法定赡养人、抚养人、扶养人的相关信息进行核查。

（6）审核确认。乡镇人民政府、街道办事处根据调查核实、信息核对结果，提出审核意见，报请相关县级人民政府社会救助管理部门确认。

（7）结果公示。作出确认决定的县级人民政府社会救助管理部门或者乡镇人民政府、街道办事处，应当公示社会救助审核确认结果。

79 什么是社会福利？我国社会福利事业的主要内容包括哪些？

社会福利有广义和狭义之分。广义的社会福利是指政府为全体社会成员创建有助于提高生活质量的物质和文化环境，提供各种社会性津贴、公共基础设施和社会服务，以不断提高国民整体福利水平，主要包括各种文化教育、公共卫生、公共娱乐、市政建设、家庭补充津贴、教育津贴、住宅津贴等。

狭义的社会福利是指政府和社会向老年人、儿童、残疾人等社会中特别需要关怀的人群提供必要的社会援助，以提高他们的生活水准和自立能力，主要包括老年人福利、妇女福利、儿童福利、青少年福利、残疾人福利等。

我国政府积极推进社会福利事业的发展，通过各种渠道筹集资金，为老年人、孤儿和残疾人等群体提供社会福利。其主要内容包括以下几个方面：

（1）老年人社会福利。《老年人权益保障法》规定，国家和社会采取措施，改善老年人生活、健康以及参与社会发展的条件。各级政府将老年事业纳入国民经济和社会发展计划，逐步增加对老年事业的投入，并鼓励社会各方面投入，使老年事业与经济、社会协调发展。

（2）儿童社会福利。依据《未成年人保护法》《教育法》等法律法规，国家为儿童提供教育、计划免疫等社会福利，特别是为残疾儿童、孤儿和弃婴等处在特殊环境下的儿童提供福利项目、设施和服务，保障其生活、康复和教育。

（3）残疾人社会福利。我国颁布实施了《残疾人保障法》，为残疾人康复、教育、劳动就业、文化生活、社会福利等提供法律保障。政府通过兴办福利企业、实施按比例就业和扶持残疾人个体从业等形式，帮助残疾人实现就业；采取临时救济和集中供养以及兴办残疾人福利安养机构等福利措施，对残疾人提供特别照顾。

80 什么是最低生活保障制度？其主要内容是什么？

最低生活保障制度，是指国家对共同生活家庭成员人均收入低于当地最低生活保障标准，且符合当地最低生活保障家庭财产状况规定的家庭，给予最低生活保障。最低生活保障标准，由省、自治区、直辖市或者设区的市级人民政府按照当地居民生活必需的费用确定、公布，并根据当地经济社会发展水平和物价变动情况适时调整。

最低生活保障制度的主要内容包括：

（1）救助对象。城市低保主要针对持有非农业户口的城市低收入居民；农村低保对象主要是因病残、年老体弱、丧失劳动能力以及生存条件恶劣等原因造成生活常年困难的农村居民。

（2）救助标准。城市低保标准主要按照“当地维持城市居民基本生活所必需的衣、食、住费用，并适当考虑水电燃煤（燃气）费用以及未成年人的义务教育费用确定”。农村低保标准主要按照“能够维持当地农村居民全年基本生活所必需的吃饭、穿衣、用水、用电等费用确定”。

（3）救助程序。城乡低保救助程序大体一致，主要包括困难居民提出申请、社区居委会（村委会）初审、乡镇（街道办事处）复核、县级民政部门审批等程序。

（4）救助发放。城市低保一般由县级民政部门委托银行、信用社或邮政储蓄按月发放，农村低保一般按季度或半年由金融机构或民政部门直接发放。

（5）提高实效。在具体实施中，各地还建立了社区评议、三榜公示、动态管理、分类施保、就业联动等制度，进一步强化低保救助的制度绩效。

GONG HUI BANG FU

第六部分

工会帮扶

81 什么是工会常态化帮扶？其主要内容包括哪些？

工会常态化帮扶，是指各级工会组织认真贯彻党和国家的方针政策，切实履行维权服务基本职责，通过各种途径和形式，对生活困难的职工提供生活救助、医疗救助、助学救助、职业培训和职业介绍、法律援助等帮扶，使其尽快摆脱困境的一项工作。工会常态化帮扶的主要内容包括：

（1）生活救助，主要用于困难职工家庭基本生活支出、住房、取暖降温等方面生活保障。

（2）医疗救助，主要用于困难职工本人或家庭成员因患重特大疾病、罕见病、重病残疾护理、患慢性病长期服药、感染重特大传染病等，经基本医疗保险、大病保险、商业保险、互助保障等报销和其他部门救助后，仍然难以承担的医疗医药费用补助，补助不超过个人承担部分。

（3）助学救助，主要用于困难职工家庭子女上学期间所需生活费、路费和其他必要支出，及工会勤工俭学项目岗位补贴。

（4）职业培训和职业介绍，主要用于帮助有劳动能力的困难职工家庭成员提升就业和职业发展能力，及鼓励困难职工家庭成员充分就业的补贴。

（5）法律援助，主要是对劳动经济权益受到侵害的困难职工开展法律援助服务。

（6）其他帮扶项目。

82 工会送温暖工程的主要内容是什么？其资金使用的对象包括哪些？

实施送温暖工程，为困难职工排忧解难，是工会组织维护职工权益的具体体现，是工会组织积极履行社会职能、参与社会管理和公共服务，推进以改善民生为重点的社会建设的重要措施，也是建设服务型工会的重要内容。其主要内容包括：

（1）大力开展职工扶贫解困工作。

（2）积极推进职工互助互济活动。

（3）协助政府广开门路，为失业职工再就业创造条件。

（4）配合政府帮助困难企业扭亏为盈。

（5）逐步兴办群众性公益性互助性基金组织。

根据全国总工会颁布的《工会送温暖资金使用管理办法（试行）》，工会送温暖资金的使用对象包括：

（1）非因个人意愿下岗失业、家庭收入水平明显偏低、子女教育费用负担过重等原因家庭生活困难的职工。

（2）本人或家庭成员因患大病、遭受各类灾害或突发意外等情况造成生活困难的职工。

（3）关停并转等困难企业中，因停发、减发工资而导致生活相对困难的职工。

（4）工伤与职业病致残的职工和因公牺牲职工的家属；因重大疾病手术、住院的职工。

（5）长期在高（低）温、高空、有毒有害等环境中和苦脏累险艰苦行业岗位上工作的一线职工。

（6）重大灾害期间坚守抗灾一线的职工；春节期间坚守在生产一线和交通运输、电力、环卫以及直接面向群众服务的基层岗位干部职工；因组织需要长期异地工作或者服从组织需要赴外地、基层工作的派驻挂职干部职工；在重大项目和重大工程中作出突出贡献的职工；生产一线涌现出来的先进模范人物。

83 什么是工会金秋助学活动？

金秋助学活动是工会帮助困难职工和农民工子女的重要保障品牌，其旨在推动完善和落实国家助学政策体系，整合内外资源，延伸助学链条，积极协助各级党委、政府解决城镇困难职工和农民工子女上学难问题。工会金秋助学的主要对象是国家助学体系暂时没有覆盖，或者已经覆盖但需要进一步救助的困难职工和农民工上学子女，以及就业困难的困难职工家庭高校毕业生。其具体资助对象包括：

（1）家庭人均收入略高于当地最低生活保障线但存在家庭成员患大病、残疾等特殊困难的低保边缘职工子女。

（2）低保职工家庭中经过政府救助后生活仍然困难的职工子女。

（3）遭受地震等重大自然灾害的困难职工子女。

（4）就业困难的困难职工家庭高校毕业生。

（5）在城市上学的困难农民工子女。

84 什么是职工互助保障活动？其工作原则是什么？

职工互助保障活动是我国以社会保险为基础的多层次社会保障体系的重要组成部分，也是中国工会传统特色工作，体现了中国工人阶级团结友爱、互助互济精神。职工互助保障活动依托工会组织体系，发动职工自愿参与、共担风险，秉持低成本、低缴费、广覆盖、广受益的活动特点，围绕职工医疗健康保障需求，建立以住院医疗、重大疾病、意外伤害为主体的互助保障体系，帮助职工抵御和化解风险，切实提高职工医疗健康保障水平。

职工互助保障活动的工作原则是：

（1）坚持积极稳妥发展。认真探索和遵循职工互助保障活动发展的规律和特点，以改革创新工作方法注入发展动力，以规范运营管理控制风险，稳中求进，创新推动，使职工互助保障活动既积极又稳妥地持续健康发展。

（2）坚持以需求为导向。紧紧围绕医疗保障这个职工关心、社会关注的热点问题，构建低成本、低缴费、广覆盖、广受益的普惠性职工医疗互助保障服务体系，着重减轻职工患病、遭受意外时的经济负担，在助力城市职工解困脱贫，防止职工因重大疾病和意外伤害而造成的因病致贫、因病返贫中发挥积极作用。

（3）坚持公益性互助性。弘扬工人阶级团结友爱、互助互济光荣传统，坚守公益组织服务理念，开展保障活动不以营利为目的，结余资金采取救助帮扶、健康管理等多种方式继续开展会员服务，彰显公益性互助性特色。突出会员主体地位，激发职工自我保障意识，形成会员自主缴费、工会适当补助、行政给予支持合力发展的局面。

（4）坚持依托工会组织。紧密依托全国工会组织体系，建立健全职工互助保障活动运营监管体系和工作平台，在工会组织的领导和支持下，充分发挥工会组织的政治优势和组织优势，广泛开展组织、宣传、发动工作，切实做好承保、理赔、健康管理等各项服务职工会员的工作。

（5）坚持走专业化发展道路。在遵循职工互助保障组织基本属性基础上，研究把握职工互助保障活动类保险运营的专业性特点，学习借鉴保险业成熟的运营机制和监管模式，完善体制、健全制度、优化流程、规范运行，提高经营管理队伍专业化素养，提升保障服务能力和风险防控能力，将职工互助保障活动纳入专业化发展轨道运行。

85 中央财政专项帮扶资金的使用对象和范围是如何规定的？

根据全国总工会制定的《中央财政专项帮扶资金使用管理办法》，中央财政专项帮扶资金补助对象为困难职工群体，主要包括：

（1）家庭人均收入低于当地居民最低生活保障线，经政府救济后生活仍十分困难的职工。

（2）家庭人均收入虽略高于当地居民最低生活保障线，但由于疾病、子女教育或意外灾害等原因，不能维持基本生活的困难职工。

（3）因各类灾害或重大事故造成生活特别困难的职工。

中央财政专项帮扶资金使用范围包括：

（1）生活救助项目。主要用于困难职工家庭基本生活支出、住房、取暖降温等方面生活保障。

（2）医疗救助项目。主要用于困难职工本人或家庭成员因患重特大疾病、罕见病、重病残疾护理、患慢性病长期服药、感染重特大传染病等，经基本医疗保险、大病保险、商业保险、互助保障等报销和其他部门救助后，仍然难以承担的医疗医药费用补助，补助不超过个人承担部分。

（3）助学救助项目。主要用于困难职工家庭子女上学期间所需生活费、路费和其他必要支出，以及工会勤工俭学项目岗位补贴。

（4）职业培训和职工介绍项目。主要用于帮助有劳动能力的困难职工家庭成员提升就业和职业发展能力，以及鼓励困难职工家庭成员充分就业的补贴。

（5）法律援助项目。主要是对劳动经济权益受到侵害的困难职工开展法律援助服务。

86 工会如何构建多层次常态化帮扶新格局?

工会应当从以下两个方面构建多层次常态化帮扶新格局:

(1)要建立困难帮扶、送温暖走访、互助保障相互衔接、层次清晰的帮扶工作格局。一是对深度困难的困难职工家庭继续实行兜底帮扶,把相对困难、意外致困等困难职工家庭纳入帮扶范围;二是探索创新送温暖的有效途径和方法,广泛开展走访慰问活动,解决职工遇到的各类困难;三是进一步健全全国工会“全面覆盖、分级负责、上下联动、区域协作”的帮扶工作体系。

(2)要坚持分类施策、精准帮扶服务。一是对于就业岗位不稳定、收入偏低导致生活困难的职工,通过深化工会就业创业服务,加强技能培训等给予帮扶;二是对于因病致困的职工,推动落实基本医疗、大病保险、医疗救助等,特别是要注重发挥职工医疗互助的作用,最大限度地降低因病对职工家庭带来的困难;三是对于因子女入学致困的职工,深化工会金秋助学,采取对上学期间所需生活费给予资助、安排勤工助学岗位等措施帮扶,分门别类、有针对性地开展帮扶服务。

87 工会提升职工生活品质的工作要求有哪些?

党的二十大报告提出要提高人民生活品质。各级工会要切实履职尽责，扎实做好职工普惠性服务工作，助力职工享有更稳定的工作、更满意的收入、更可靠的社会保障、更充足的生活福利、更丰富的精神文化生活，不断提升职工生活品质。工会提升职工生活品质的工作要求主要有以下六个方面：

（1）促进职工享有更稳定的工作。广泛开展工会就业创业系列服务活动月、“阳光就业暖心行动”，加强“工E就业”、“工会就业服务号”等全国工会就业服务网上平台建设；积极开展就业技能培训，深入推进以训稳岗。

（2）促进职工享有更满意的收入。积极推动落实完善收入分配的各项政策，参与推动劳动标准体系的建立，参与企业劳动定额的研究制定，指导企业依法开展工作集体协商，推动提高技术工人待遇政策的落实。

（3）促进职工享有更可靠的社会保障。积极参与推动完善职工社会保险制度，提升社保待遇水平。参与推动社会救助立法，健全分层分类的社会救助体系，推动落实覆盖城市低收入和支出型贫困家庭的社会救助配套制度，将困难职工帮扶纳入社会救助体系。

（4）促进职工享有更充足的生活福利。构建以精准帮扶、生活性服务为重点的工会服务职工体系，切实做好职工福利和生活保障，广泛开展职工生活性服务项目。做好帮扶中心赋能增效试点工作，提升职工服务中（困难职工帮扶中心）综合服务职工功能，建成示范性好、辐射功能强的服务型、枢纽型、高质量服务职工综合体。要以服务职工类项目为纽带，广泛联系引导社会组织、公益机构等社会资源开发服务项目，培育服务项目品牌，为职工提供更多专业化服务。运用大数据、云计算等技术，推进“互联网+”与服务项目深度融合，推动职工服务工作制度流程化、流程清单化、清单信息化。

（5）促进职工享有更丰富的精神文化生活。加强职工思想政治引领，深化理想信念教育，坚持把社会主义核心价值观融入职工生产生活，内化为职工的情感认同和行为习惯，引导广大职工听党话、跟党走。加强职工文化阵地建设，开展职工喜闻乐见、有益身心的群众性职工文体活动。加强职工心理咨询和心理疏导服务，推动形成健康文明、昂扬向上、全员参与的职工文化。

（6）激发职工提升生活品质的内生动力。要在广大职工中深入开展“中国梦·劳动美”“劳动创造幸福”主题宣传教育，坚持物质帮扶与扶志、扶智相结合，不断激发广大职工的内生动力，通过拼搏奋斗创造美好生活。

88 工会如何推进职工服务中心赋能增效，提升职工生活品质？

工会从以下几个方面推进职工服务中心赋能增效，提升职工生活品质：

（1）完善服务职工一体化功能。依托工会服务职工、服务基层相关业务统一到平台，实现一站式服务；聚焦职工多样化需求，以服务职工类项目为纽带，通过联合运作、孵化培育、委托服务、入驻运营、公益创投等方式，整合政府、智库、基金会、企业、金融机构、媒体等多方资源，实现服务职工功能一体化。

（2）建设服务职工项目标准化体系。构建线上线下深度融合的服务载体，建立统一的职工服务平台，夯实一网通办、一站式服务。健全服务对象、服务程序、服务标准、监督管理、考核评价等制度规定，全面梳理编制服务事项目录，实施业务服务清单制度，推动服务职工项目标准化、流程化、信息化。

（3）建立社会资源与职工需求精准对接枢纽型平台。以工会服务中心为载体，建成职工需求的服务平台、供需对接的枢纽平台、社会资源的孵化平台、服务项目的培育平台。

（4）培育多类型服务职工基地。整合一批有职工口碑的社会资源形成“服务职工基地”，实现零距离、多渠道、精准化供给资源与需求对接共享，满足不同职工家庭多样化需求。建立服务职工基地的进入、管理与退出机制，完善以职工满意度为导向的服务品质评估评价机制。

（5）创新多层次多领域工会服务职工项目融合平台。聚焦“职工服务中心＋服务基地＋基层工会”协作模式，建立上下、左右、内外分层分级分类协作机制，明确职工服务中心、基层工会、服务基地工作协同机制。

(6) 建设网上网下深度融合的服务职工职能化平台。运用大数据、云计算等技术掌握职工生活状况和需求，提升对服务诉求的感知与预判能力，为职工提供更具个性化的主动精准化服务。

(7) 建设精准服务职工创新孵化区。鼓励开展公益创投，建立以奖代补激励机制，引导社会资源开发服务项目，培育服务项目品牌，吸引公益组织、社会机构及专业人才参与项目实施。

(8) 建设高质量服务职工示范区。联合社会资源，建设一批服务职工功能中心、开展服务职工项目展示活动，搭建社会资源宣传、展示、合作、交流、推介平台。

89 工会如何引导企业提升职工生活品质，创建幸福企业？

工会应从以下几个方面引导企业提升职工生活品质，创建幸福企业：

(1) 改善职工生产生活条件。以解决职工食堂、宿舍、交通等问题为重点，改善职工工作条件和后勤生活待遇。鼓励设立暑期、课后子女托管班。

(2) 健全完善职工困难帮扶机制。健全完善困难帮扶、送温暖慰问、互助保障、生活服务相互衔接、层次清晰、各有侧重的梯度帮扶体系，对困难职工精准施策。完善常态化送温暖机制，设立专项公益基金，在职工遇到困难、发生重大疾病和重要节点时，及时开展送温暖活动。

（3）依法保障职工享受福利待遇。按照有关制度规定，计提职工福利费用于改善职工生活条件。按照工会经费开支有关规定，建立重要节日慰问、生日关怀、生病探望、婚丧嫁娶慰问等制度。落实带薪年休假待遇，建立和完善职工疗休养制度。

（4）丰富服务职工供给资源。与社会机构、公益慈善多方合作，打造职工生活关爱智能化平台，建立合作共享产消融合机制，开设家政服务、养老托育、商品优惠等项目，精准对接职工生活产品和服务需求。

（5）建立职工健康服务体系。鼓励设立职工健康服务中心，定期组织职工免费健康体检、体质检测、心理咨询。组织开展适合不同工作场所或工作方式特点的健身活动，开展劳逸结合的健康运动。

（6）加强职工人文关怀。制定异地工作、两地分居职工关爱机制，打造最美职工、感动故事、荣誉时刻、文化沙龙等特色品牌活动。策划职工可参与、公众可感知、品牌可累积的公益项目，动员职工参加社会公益事业，发扬互助互济精神，彰显社会影响力。

（7）劳动关系和谐稳定。推动劳动用工更加规范，职工工资合理增长、劳动条件不断改善、职工安全健康得到切实保障、社会保险全面覆盖、人文关怀日益加强，有效预防和化解劳动关系矛盾，建立规范有序、公正合理、互利共赢、和谐稳定的劳动关系。

NONG MIN GONG GONG ZUO

第七部分

农民工工作

90 如何界定农民工?

根据国务院研究室课题组《中国农民工调研报告》，所谓农民工是指在我国经济转型时期“户籍身份还是农民，有承包土地，但主要从事非农产业、以工资为主要收入来源的人员”。

根据国家统计局的最新统计数据，我国农民工群体的基本情况是：

（1）我国农民工总量继续增长，本地农民工增速快于外出农民工。我国各区域农民工人数有所增长，在中西部地区就业的农民工人数增长较快。

（2）我国女性农民工占比有所上升；农民工平均年龄持续提高；大专及以上学历农民工占比不断提高。

（3）我国半数以上农民工在第三产业就业；农民工月均收入平稳增长。

（4）我国农民工人均居住面积不断增加。

（5）我国农民工随迁儿童教育状况持续改善。3～5岁随迁儿童入园率有所提高；义务教育阶段随迁儿童在校率不断提高。

（6）我国农民工社会融合程度不断加强。进城农民工对所在城市的归属感和适应度不断增强；进城农民工参加所在社区、工会组织的活动更加积极。

91 我国农民工工作的基本原则有哪些?

我国农民工工作的基本原则是:

(1)坚持以人为本、公平对待。推进以人为核心的城镇化,公平保障农民工作为用人单位职工以及城镇常住人口的权益,帮助农民工解决最关心、最直接、最现实的利益问题,实现改革发展成果共享。

(2)坚持统筹兼顾、优化布局。按照区域发展总体战略和国家新型城镇化规划,逐步完善生产力布局和城镇化布局,引导农民工在东中西不同区域、大中小不同城市和小城镇以及城乡之间合理分布。

(3)坚持城乡一体、改革创新。适应推动城乡发展一体化的需要,着力改革城乡二元体制机制,逐步建立完善有利于农民工市民化的基本公共服务、户籍、住房、土地管理、成本分担等制度。

(4)坚持分类推进、逐步实施。按照自愿、分类、有序的要求,因地制宜、存量优先,尽力而为、量力而行,重点促进长期在城镇居住、有相对稳定工作的农民工有序融入城镇,循序渐进地推进农民工市民化。

92 工会农民工工作的主要目标是什么?

工会农民工工作的主要目标是：

（1）农民工组织化水平明显提高。打造“互联网+”服务职工平台，实现农民工会籍管理、就业经历、技能水平等档案管理信息化，以便捷和有针对性的服务吸引农民工入会，不断扩大工会组织对农民工的覆盖面。

（2）农民工合法权益充分保障。农民工用工管理规范有序，劳动合同签订率不断提高。工资支付保障机制逐渐完善，农民工工资基本无拖欠。实现农民工同工同酬、同工同权，收入水平稳步提升。参加社会保险比例显著提升，在城镇稳定就业的农民工实现应保尽保。农民工安全生产和职业健康保护工作明显改善，参与企业民主管理的渠道不断拓宽。

（3）农民工素质水平持续提升。深入开展技能培训促就业计划，每年为农民工提供就业和创业培训。积极参与国家新生代农民工职业技能提升计划，每年帮助农民工提升技能等级。不断提升农民工的文化素质，每年帮助农民工提升学历水平。完善农民工参与劳动和技能竞赛的体制机制，不断提高农民工在劳模中的比例。

（4）农民工市民化有序推进。推动有能力在城镇稳定就业和生活的农业转移人口举家进城落户，并与城镇居民享有同等权利和义务。对长期居住在城市、生活遇到特殊困难的农民工，协助政府做好帮扶解困工作。

93 工会农民工工作的主要任务是什么?

工会农民工工作的主要任务就是进一步创新服务农民工工作方式方法，提升工会为农民工服务质量，具体包括以下六个方面：

（1）提升农民工职业技能水平，促进农民工就业创业。一是积极引导农民工有序外出就业，鼓励就地就近转移就业，扶持农民工返乡创业。二是实施国家农民工职业技能提升计划，引导用人单位进一步开发农民工人力资源，将职业培训作为企业和农民工共同发展的重要内容，坚持按需培训、注重实效的原则，将执着专注、精益求精、一丝不苟、追求卓越的工匠精神贯穿培训始终，增强广大农民工对职业理念、职业使命的认识与理解。

（2）保障农民工劳动经济权益。一是帮助、指导农民工与用人单位订立和履行劳动合同。工会应当帮助、指导农民工与用人单位依法订立并履行劳动合同，建立权责明确的劳动关系。劳动保障部门要加强对用人单位订立和履行劳动合同的指导和监督，任何单位都不得违反劳动合同约定损害农民工权益。二是建立农民工工资支付保障机制。综合运用经济、行政、法律等手段解决工资拖欠问题，建立农民工工资保证金制度，建立由地方政府主导的欠薪应急周转制度。三是建立农民工工资正常增长机制。将农民工纳入工资集体协商范围内，以最低工资标准、工资调整幅度、劳动定额、计件单价等为重点内容，完善企业工资决定和正常增长机制。四是依法保障农民工社会保险权。依法将与用人单位建立稳定劳动关系的农民工纳入城镇职工基本养老保险和基本医疗保险中；允许灵活就业农民工参加当地城镇居民基本医疗保险；落实好流动就业人员基本医疗保障关系转移接续暂行办法。努力实现用人单位的农民工全部参加工伤保险，推动农民工与城镇职工平等参加失业保险、生育保险并平等享受待遇。对劳务派遣单位或用工单位侵害被派遣农民工社会保险权益的，依法追究连带责任。五是加强协调劳动关系工作。完善协调劳动关系三方机制、政府和工会联席会议制度，推动地方劳动关系三方委员会建设，深化和谐劳动关系创建活动。规范农民工的劳动用工管理，督促用工单位落实劳动合同制度，依法推动农民工集中的行业、企业普遍开展集体协商。落实《企业民主管理规定》等相关规定，拓宽农民工参与企业民主管理的渠道，落实农民工在企业中的民主权利。六是为农民工提供法律援助和法律服务。大力开展服务农民工法治宣传和公益法律服务活动。加强工会劳动法律监督，为农民工提供有针对性的法律援助和法律服务，积极参与农民工劳动争议尤其是集体劳动争议处理工作。

（3）继续提高农民工组织化水平。以货运司机、快递员、护工护理员、家政服务员、商场信息员、网约送餐员、房产中介员、保安员等为重点，创新组织设置、扩大工作覆盖面，最大限度地把农民工吸引到工会中。

（4）引导农民工建功立业。引导农民工践行社会主义核心价值观、不断提高思想道德素质。积极参与劳动和技能竞赛，大力弘扬劳模精神、劳动精神、工匠精神，引导广大农民工辛勤劳动、诚实劳动、创造性劳动，为实现第二个百年奋斗目标和中国梦汇聚正能量。

（5）推动农民工加快社会融合。鼓励农民工提高就业能力，发挥农民工中技能人才的引领带动作用，支持农民工自主创业、回乡创业。推进企业基层民主管理和厂务公开制度，遏制部分群体垄断稀缺资源，缩小群体间的贫富差距。提供更多定制化、多元化、差异化的服务，加快农民工社会融合。

（6）推进农民工更好更快融入城市。加强解决农民工问题的顶层设计，通过公共设施布局、财政开支安排、法律法规制度完善等予以重点倾斜。继续深化户籍管理制度改革、健全城乡均等化基本公共服务体系、提升农民工整体素质、拓宽农民工上升渠道，推进农民工更好更快融入城市。

94 工会可以为农民工提供哪些普惠性服务？

工会可以为农民工提供以下普惠性服务：

（1）在劳动就业上，注重帮助、指导农民工与用人单位签订和履行劳动合同，加大就业援助、技能培训、创业扶持力度，如发放创业小额贷款，建立培育扶持农民工就业创业示范基地，树立创业典型，并成规模、高效率地开展农民工培训等。

（2）在工资报酬上，围绕工时工价、劳动定额等开展集体协商；以建筑施工、公路和水利建设、加工制造、餐饮服务及劳动密集型企业、劳务派遣企业为重点，推动建立欠薪报告制度。

（3）在社会保障上，引导农民工增强社保意识，督促企业按时足额缴纳社会保险，提高农民工参保率，并推动解决社保缴纳、转移、接续等问题。

（4）在安全生产上，组织更多农民工参与群众性劳动安全卫生监督检查，扩大“安康杯”竞赛覆盖面。重点关注建筑业、采矿业等高危行业安全防护工作，在工伤认定、劳动能力鉴定、社会保险待遇落实等方面有效帮助农民工。

（5）在困难帮扶上，深入开展送温暖、送清凉、金秋助学、农民工平安返乡等活动，帮助农民工解决生产生活中遇到的实际困难。

95 新时代工会如何做好农民工工作？

新时代工会应当从以下几个方面做好农民工工作：

（1）抓好牵头推进产业工人队伍建设改革的历史机遇，充分发挥工会在党和国家农民工工作中的积极作用。一是推动产业工人队伍建设向纵深推进、向基层延伸，以实际行动和实际效能为推动农民工工作争取更多资源和支持。二是加强源头参与，充分利用党代会、人大、政协、政府联席会议制度，把维护农民工权益的主张上升为法律和政策，实现依法维权。三是健全协调劳动关系三方委员会，尽快实现劳动关系三方机制实体化。

（2）加强思想引领和政治保证，引导农民工在服务国家战略中发挥主力军作用。一是加强思想引领，强化农民工对中国特色社会主义制度和中国共产党领导的心理认同。二是强化政治保证，巩固农民工的主人翁地位。三是进一步加大农民工当选大国工匠、全国劳动模范的比例，增强农民工的职业荣誉感，提升农民工社会地位。

（3）最广泛地将农民工吸收到工会中来，进一步夯实巩固党长期执政的阶级基础。一是坚持服务先行，通过高质量服务吸引农民工入会。二是严格执行《工会会员会籍管理办法》，确保会员会籍管理不断档。

（4）紧紧扭住工资收入这个牛鼻子，全面维护农民工合法权益。一是深入开展工资集体协商，确保农民工工资稳定增长。二是提高劳动合同签订率，增强农民工就业稳定性。三是认真贯彻落实《企业民主管理规定》，大力推行区域（行业）职工代表大会制度，实现民主管理制度对小微企业的全覆盖。

（5）以高质量技能培训为突破口，全面提升服务农民工的质量。一是借助职业教育资源，强化技能培训，提升农民工的职业技能素质。二是以国家重大战略、重大工程、重点产业特别是制约企业发展的“卡脖子”技术为主攻方向，广泛深入持久开展多种形式的劳动和技能竞赛。三是积极承接政府转移的公共服务，吸引社会力量承办工会服务农民工项目。

（6）畅通农民工利益表达渠道，维护社会大局稳定。一是健全“小三级”工会组织体系，推动工作重心下移，挖掘工会系统的“枫桥经验”。二是引导农民工客观理性表达诉求。三是坚持底线思维，及时化解农民工群体性事件。四是加强对劳动领域社会组织的政治引领，坚决防范外部势力渗透。

（7）加强干部队伍建设，全面提升工会干部的治理能力。一是深入学习习近平新时代中国特色社会主义思想，充分认识农民工作为党执政阶级基础的重大意义，站稳维护国家政权稳定的政治立场。二是注重实践历练，增强干部的调查研究能力和群众工作能力。三是强化狠抓落实，提高干部的治理能力。四是注重引进法律和劳动关系方面的专业化人才，提升干部处理劳动争议的业务能力。

（8）加强理论研究，鼓励实践创新，建立农民工信息数据库，提高决策的前瞻性、可行性、科学性。一是加强理论研究，提高决策的前瞻性。二是鼓励实践创新，提高决策的可行性。三是建立农民工信息数据库，提高决策的科学性。

96 农民工加入工会的条件和程序是如何规定的？

用人单位工会应当依法吸收农民工入会，任何组织和个人不得限制或者变相限制农民工自愿加入工会。农民工加入工会需要具备以下三个条件：

（1）以工资收入为主要生活来源或者与用人单位建立劳动

关系是职工加入工会的必要条件。

（2）承认《中国工会章程》是职工加入工会的前提条件。

（3）自愿申请加入工会。职工自愿申请加入工会，既是对工会的认识问题，也是对工会的态度问题，先由个人提出申请，工会小组讨论通过，再报基层工会委员会批准，决不能强迫命令。

《中国工会章程》第二条规定，职工加入工会，由本人自愿申请，经工会基层委员会批准并发给会员证。职工加入工会的具体程序是：

（1）本人自愿申请。由要求入会的职工向所在单位工会提出书面（口头）申请，填写《中华全国总工会入会申请书》和《工会会员登记表》，报基层工会委员会。

（2）基层工会委员会批准并发给会员证。基层工会委员会接到职工入会申请书后，应当及时召开会议，研究审查接纳职工入会事项。主要内容有：申请人是否符合入会条件；是否自愿；是否符合入会手续。凡符合条件和入会手续的应当批准。批准后发给其《工会会员证》，并通知申请人从何时起交纳会费。

97 农民工可以在哪里加入工会？

在发展农民工入会的过程中，为了简化入会手续，可以采取集体登记入会、街道和社区直接吸收入会等方式，有效推动农民工最大限度地加入工会。具体来说，农民工可以通过以下渠道加入工会：

（1）在务工企业入会。

（2）在村社区工会入会。

（3）在乡镇街道工会入会。

（4）在行业工会入会。

（5）在工业园区工会入会。

（6）在施工项目工会入会。

98 “一函两书”制度如何保障新就业形态劳动者权益？

“一函两书”制度是工会及相关单位为提醒用人单位落实好劳动法律法规，或纠正其违法劳动用工行为而适用相关文书的制度简称。“一函”即《工会劳动法律监督提示函》，“两书”即《工会劳动法律监督意见书》和《工会劳动法律监督建议书》，其旨在发挥检察机关法律监督职能优势和工会在发现、排查劳动领域风险隐患中的第一道防线作用，落实新时代“枫桥经验”关于预防在前、调解优先、运用法治、就地解决矛盾纠纷等要求，进一步提高双方协作配合质效，推动劳动法律法规贯彻执行，保障新就业形态劳动者合法权益。

“一函两书”制度的适用范围包括：

（1）用人单位涉及职工利益的内部规章制度的制定、修改、执行，工资集体协商和集体合同制度的建立和执行，职工代表大会制度的建立和落实。

（2）劳动合同的订立、履行、变更、解除和终止，劳动报酬分配、调整、支付和社会保险、福利待遇的落实，工作时间、休息和休假制度的执行。

（3）安全生产、职业病防治等劳动安全卫生的执行，女职工、未成年工、残疾职工及老年劳动者特殊权益保护，职工教育培训及其经费提取、使用等情况。

99 工会在治理拖欠农民工工资问题中应当发挥什么作用？

工资报酬是农民工的基本生活来源，是他们最关心最直接最现实的利益问题。当前，部分行业特别是工程建设领域拖欠农民工工资问题比较突出，侵害了农民工合法权益。工会要带着对广大农民工的深厚感情，在各级党委、政府的领导下，主动介入，配合政府有关部门，帮助农民工追讨被拖欠的工资，形成全面治理拖欠农民工工资的社会氛围和工作合力。

（1）推动企业工资支付主体责任的落实。加强执法监督，督促业务发包企业将工资发放给具备用工主体资格的组织和个人，做到按月足额发放工资。在建筑施工领域，推动施工总承包负责制，不得以工程款未到位为由克扣或者拖欠农民工工资，不得将应收工程款等经营风险转嫁给农民工。

（2）配合政府部门规范企业工资支付行为。推动政府部门规范农民工的劳动用工管理，帮助、指导农民工与企业签订劳动合同。在工程建设领域坚持施工企业与农民工先签订劳动合同后进场施工，全面实行农民工实名制管理制度。帮助农民工申办银行个人工资账户并办理实名制工资支付银行卡，推动实现农民工工资银行代发。

（3）推动企业守法诚信建设。将劳动用工、工资支付情况作为企业诚信评价的重要依据，凡是拖欠农民工工资的企业不得参加工会的各项评先活动。对于拖欠农民工工资的失信企业，工会要积极向政府有关部门反映，将其纳入政府公共信用信息系统。各地工会要按全国总工会统一部署，对重大典型拖欠工资案件予以曝光、公开谴责。

（4）推动政府健全工资支付保障制度。推动在建筑市政、交通、水利等工程建设领域完善工资支付保证金制度，切实保障农民工工资支付。推动完善欠薪应急周转金制度，探索建立欠薪保障金制度，对于企业一时难以解决拖欠工资或企业主欠薪逃逸的，督促政府先行垫付部分工资或基本生活费，帮助被拖欠农民工解决临时生活困难。

100 如何建立健全工会治理拖欠农民工工资问题工作体系？

工会应从以下八个方面着手，构建治理拖欠农民工工资问题工作体系：

（1）建立工会系统欠薪报告制度。以建筑市政、交通、水利等工程建设领域和劳动密集型加工制造、餐饮服务等易发生拖欠工资问题的行业为重点，建立工会系统欠薪报告制度。企业工会发现企业延期支付工资当月，应当督促企业行政向职工代表大会或全体职工报告延期支付工资的原因、涉及职工人数、金额及偿还计划，列入厂务公开的内容，同时向人力资源社会保障部门和上级工会报告。县级以上工会应当督促、配合政府劳动监察部门监督企业偿还计划的执行情况。鼓励农民工依法向工会报告企业拖欠工资情况。工会系统欠薪报告制度应当与政府欠薪预警制度互为补充，并与劳动监察制度相衔接。

（2）推进集体协商和集体合同工作。依法推动农民工集中的行业、企业普遍建立工资集体协商制度，将农民工工资支付问题纳入集体协商内容，不断提升集体协商质量，规范企业工资支付行为。

（3）进一步发挥工会劳动法律监督作用。工会劳动法律监督要与政府劳动保障监察协调配合，对重点行业、企业开展日常检查，在“两节”期间开展工资支付专项检查。重点检查农民工劳动合同签订情况，劳动计酬手册、劳动考勤、工资支付等管理台账以及施工现场维权信息告示牌设立情况。

（4）推行“一函两书”制度。地方工会接到下级工会或农民工举报企业欠薪问题并核实有关情况后，应当向欠薪企业发出《工会劳动法律监督提示函》，提醒企业及时纠正其违法行为。如企业拒不纠正，工会应当向其发出《工会劳动法律监督意见书》，提出整改意见。如欠薪企业拒绝接收或拒不整改，地方工会应当向同级政府人力资源社会保障行政部门递交《工会劳动法律监督建议书》，并积极督促、配合人力资源社会保障部门对企业欠薪问题依法作出处理。

（5）完善拖欠农民工工资来信来访接待处理相关制度。建立首接负责制度，由首次接待的工作人员负责受理，并记录跟踪案件的调查、督办、协调处理全过程。建立信息通报制度，定期分析拖欠工资情况，及时向上级工会和同级人力资源社会保障部门通报。建立督查考核制度，对拖欠农民工工资案件处理情况和工作人员工作情况进行督查，对工会治理欠薪各项制度建立和落实情况进行考核。

（6）加强对欠薪农民工的法律服务和生活救济。拓展12351工会服务职工热线法律咨询职能；开辟法律援助快速通道；会同政府相关部门加大劳动争议调解和仲裁工作力度；将困难农民工帮扶工作纳入职工帮扶体系。

（7）完善农民工跨区域维权协作机制。按照劳务输入地工会属地化管理、劳务输出地工会协办的原则，完善跨区域双向维权协作机制，明确输出地工会和输入地工会的工作职责，对异地维权的受理、审查、委托、办理、工会间及与党政间的沟通协调等问题作出具体规范。

（8）完善突发事件应急工作机制。各级工会应当制定欠薪突发事件应急工作预案。

101 农民工工资支付的周期和时间如何确定？

《国务院办公厅关于全面治理拖欠农民工工资问题的意见》

规定，明确工资支付各方主体责任。全面落实企业对招用农民工的工资支付责任，督促各类企业严格依法将工资按月足额支付给农民工本人，严禁将工资发放给不具备用工主体资格的组织和个人。

《保障农民工工资支付条例》第十二条、第十三条、第十四条规定，用人单位应当按照与农民工书面约定或者依法制定的规章制度规定的工资支付周期和具体支付日期足额支付工资。实行月、周、日、小时工资制的，按照月、周、日、小时为周期支付工资；实行计件工资制的，工资支付周期由双方依法约定。用人单位与农民工书面约定或者依法制定的规章制度规定的具体支付日期，可以在农民工提供劳动的当期或者次期。具体支付日期遇法定节假日或者休息日，应当在法定节假日或者休息日前支付。

《建设领域农民工工资支付管理暂行办法》第六条规定，企业应当根据劳动合同约定的农民工工资标准等内容，按照依法签订的集体合同或劳动合同约定的日期按月支付工资，并不得低于当地最低工资标准。

对于完成一次性临时劳动或某项具体工作的劳动者，用人单位应当按照有关的协议或者合同的规定在劳动者完成工作后即支付工资。

102 工会驿站建设的标准是什么？

工会驿站建设要遵循“六有”标准：

（1）有统一的标识名称。站点统一标识，格式为“工会户外劳动者服务站点·×××”，可使用工会会徽。标识内容和会徽的使用应符合中华全国总工会有关规定，可参考《中华全国总工会办公厅关于统一和规范工会资产服务阵地标识的通知》和《中华全国总工会办公厅印发〈关于中国工会会徽制作使用的若干规定〉的通知》相关规定。标识可体现站点（地方）特色，内容及颜色应保持严肃性。标识设计及使用应报省级工会同意，以省级工会为单位报全国总工会备案。

（2）有合理的站点布局。各地应根据实际情况进行工会驿站建设布局。建设前应对建设地点、辐射范围、覆盖人群等进行考察评估。站点密度应考虑城市道路情况和户外劳动者工作区域。可根据工作需要设置流动站点。

（3）有健全的服务设施。工会驿站应有相对固定的运行面积，配备基础设施，包含但不限于饮水设备、微波炉、桌椅、电风扇（空调）、医药箱、多功能电源插座等，应正常通水通电。有条件的站点可拓展服务功能，配备厕所、冰箱、储物柜、维修工具箱、电视机、无线网络、工会报刊书籍、充电充气工具等。

（4）有完善的服务功能。工会驿站应提供能解决户外劳动者“吃饭难、喝水难、休息难、如厕难”等现实问题的相关服务功能。鼓励各地因地制宜拓展站点服务功能，把工会驿站打造成改善户外劳动者劳动条件的平台，宣传和教育户外劳动者的阵地，树立工会形象、彰显工会作为的窗口，全社会奉献爱心、传递正能量的纽带和桥梁。

（5）有规范的管理制度。工会驿站应制定日常管理规定、服务流程、安全须知等规章制度，并在站点内明示。逐步建立健全其他相关管理制度和退出机制。

（6）有地图可查。省级工会应统筹掌握区域内工会驿站建设布局情况，符合标注地图条件的，利用百度地图、高德地图等互联网查询工具和工会 App、微信公众号等载体，形成工会驿站布局电子地图。运行中的站点位置、外观图片、可提供服务等信息应及时上传，以便于户外劳动者通过手机等设备进行查找。工会驿站信息发生变化时，应及时在电子地图上做出修改。

103 什么是“双 15 工程”？

“双 15 工程”是全国总工会计划在 2023 年底实现工会驿站建设的 2 个目标：一是努力实现 2023 年底全国工会驿站达到 18 万个；二是基本实现服务站点 15 分钟服务圈交叉覆盖，即实现 1 公里服务半径、15 分钟步行可达、区域内户外劳动者交叉覆盖的综合服务矩阵，让户外劳动者抬脚进站点、抬手享服务。出租车驾驶员、快递员、环卫工人、交通警察、外卖配送员、环境监测员、架线工、建筑工人等户外劳动者是工会服务站点的服务对象。

工会驿站主要目的是解决户外劳动者“吃饭难、喝水难、休息难、如厕难”等现实问题。驿站内应设置饮水机、微波炉、桌椅、手机充电插排、应急药箱等基础服务设施，有条件的可设立卫生间。除此以外，结合当地实际，站点可围绕户外劳动者需求开展各类普惠性活动。为方便户外劳动者找到驿站，全国总工会会同百度、高德等互联网服务商持续推进服务站点信息采集和数据上图，加强与美团等平台的头部企业合作开发点位查询推送场景。职工打开地图搜索“工会驿站”即可找到距离自己最短的驿站，真正实现“找得到、进得来”。

2024 年，全国总工会对工会驿站建设作出新的部署，明确了工会驿站新的双 15 工程目标，即推树 15% 的工会驿站成为最美工会驿站、打造 15% 的工会驿站升级为 24 小时智能化驿站。同时，全国总工会决定，将每年的 1 月 15 日设为“工会服务户外劳动者日”，呼吁社会各界关心关爱户外劳动者，更好落实落地“工会小站，贴心大爱”。

各级工会要进一步加大社会资源协调引导力量、加强工作协同，持续扩大服务站点有效覆盖。探索数字化智能化管理手段和社会化市场化管理模式，推动工会驿站布局持续优化。

YI NAN KUN HUO WEN TI

第八部分

疑难困惑问题

104 "两指引一指南"如何保障新就业形态劳动者权益？

为支持和规范发展新就业形态，加强新就业形态劳动者权益保障，人力资源社会保障部出台了"两指引一指南"，即《新就业形态劳动者休息和劳动报酬权益保障指引》《新就业形态劳动者劳动规则公示指引》《新就业形态劳动者权益维护服务指南》。

《新就业形态劳动者休息和劳动报酬权益保障指引》《新就业形态劳动者劳动规则公示指引》旨在保障新就业形态劳动者休息和劳动报酬权，引导企业提高劳动规则的公平性和透明度，其适用于线上接受互联网平台发布的配送、出行、运输、家政服务等工作任务，按照平台要求提供平台网约服务，通过劳动获取劳动报酬的新就业形态劳动者。其中，个人依托互联网平台完全自主开展经营活动的新就业形态劳动者不适用《新就业形态劳动者休息和劳动报酬权益保障指引》。两个指引供平台企业和平台用工合作企业在劳动用工管理时参考。

《新就业形态劳动者权益维护服务指南》旨在健全劳动权益维护机制，引导新就业形态劳动者依法合理地表达诉求，其适用于所有的新就业形态劳动者，但涉及新就业形态商事纠纷不适用该指南。指南既供新就业形态劳动者依法维护自身劳动权益时参考，也供政府行政部门、法院、工会、企业代表组织、平台企业等改进和优化对新就业形态劳动者的维权服务时参考。

105 《新就业形态劳动者劳动规则公示指引》的主要内容有哪些?

该指引旨在引导企业提高劳动规则的公平性和透明度，保障新就业形态劳动者的知情权和参与权，其主要内容有：

（1）明确了平台企业制定和修订劳动规则时要遵循的原则，即合法规范、公平公正、透明可释、科学合理、诚实信用，并依法履行民主程序。

（2）明确了劳动规则的内涵，包括订单分配、报酬及支付、工作时间和休息、职业健康与安全、服务规范等与劳动者基本权益直接相关的规章制度、格式合同条款、算法规则及其运行机制等。

（3）明确了平台企业制、修订劳动规则要向劳动者公开征求意见，充分听取工会或劳动者代表的意见建议，在确定实施前至少提前七日向劳动者予以公示。

（4）明确了平台企业要在应用程序等显著位置，以清晰易懂的语言，真实、准确地持续公示有关内容，确保劳动者能够随时方便查看完整内容，并提供反馈有关意见建议的渠道。

106 平台企业应当如何制定涉及新就业形态劳动者权益的劳动规则?

平台企业制定涉及新就业形态劳动者权益的劳动规则，应当提前通过应用程序弹窗等显著方式向劳动者公开征求意见，充分听取工会或劳动者代表的意见建议，将采纳情况告知劳动者。确定实施前，至少提前七日向劳动者予以公示。涉及新就业形态劳动者权益的劳动规则包括并不限于以下六个方面：

（1）新就业形态劳动者进入、退出平台规则。

（2）平台订单分配规则，包括订单分配的基本原则、订单优先分配或差别性分配规则等。

（3）报酬规则，包括计件单价及确定因素，抽成比例及确定因素，报酬构成及支付周期、支付方式等。

（4）工作时间和休息规则，包括任务完成时限要求及其确定依据和主要影响因素等，为防止疲劳对每日（或周／月）累计最长工作时间、停止推送订单休息等作限制性规定。

（5）奖惩规则，包括服务要求和规范，考核制度，奖励和惩戒的情形、方式、标准，劳动者的申诉渠道和企业处理申诉的程序、结果反馈方式等。

（6）其他直接涉及劳动者切身利益的规则。

107 新就业形态劳动者认为劳动权益受到侵害时，应如何维护自身合法权益？

新就业形态劳动者在维护自身劳动权益时应依法合理表达诉求，不得采取违法和过激形式，可通过以下方式依法维护自身合法权益：

（1）通过平台企业或平台用工合作企业设置的内部沟通渠

道、申诉机制、纠纷调解机构等，与企业协商解决有关问题。

（2）向所在工会组织或当地工会组织请求予以支持和帮助。

（3）无法与企业通过协商解决或不愿与企业协商解决有关问题的，可以向人民调解委员会和各级各类专业性劳动争议调解组织申请调解。

（4）不愿调解，或者调解不成的，属于劳动争议仲裁受案范围的，可以向实际工作地劳动人事争议仲裁机构申请仲裁；不符合劳动争议仲裁受案范围的，可以按照民事诉讼有关规定向有管辖权的人民法院起诉。新就业形态劳动者申请劳动争议仲裁或向人民法院提起诉讼的，可向工会组织申请法律援助等服务。符合法律援助条件的，还可以就近向法律援助机构申请法律援助服务。

（5）符合劳动保障监察职权范围的事项，可以向劳动保障监察机构举报投诉。

108 职工教育培训经费的列支范围包括哪些？

根据《关于企业职工教育经费提取与使用管理的意见》的要求，职工教育培训经费必须专款专用，面向全体职工开展教育培训，特别是要加强对各类高技能人才的培养。

企业职工教育培训经费列支范围包括：

（1）上岗和转岗培训。

（2）各类岗位适应性培训。

（3）岗位培训、职业技术等级培训、高技能人才培训。

（4）专业技术人员继续教育。

（5）特种作业人员培训。

（6）企业组织的职工外送培训的经费支出。

（7）职工参加的职业技能鉴定、职业资格认证等经费支出。

（8）购置教学设备与设施。

（9）职工岗位自学成才奖励费用。

（10）职工教育培训管理费用。

（11）有关职工教育的其他开支。

注意：

（1）经单位批准或按国家和省、市规定必须到本单位之外接受培训的职工，与培训有关的费用由职工所在单位按规定承担。

（2）经单位批准参加继续教育以及政府有关部门集中举办的专业技术、岗位培训、职业技术等级培训、高技能人才培训所需经费，可从职工所在企业职工教育培训经费中列支。

（3）为保障企业职工的学习权利和提高他们的基本技能，职工教育培训经费的60%以上应用于企业一般职工的教育和培训。并且，要将职工教育培训经费的重点投向技能型人才特别是高技能人才的培养以及在岗人员的技术培训和继续学习。

（4）企业职工参加社会上的学历教育以及个人为取得学位而参加的在职教育，所需费用应由个人承担，不能挤占企业的职工教育培训经费。

（5）对于企业高层管理人员的境外培训和考察，其一次性单项支出较高的费用应从其他管理费用中支出，避免挤占日常的职工教育培训经费开支。

109 用人单位的规章制度是否必须向劳动者公示或告之？

《劳动合同法》第四条规定，用人单位应当将直接涉及劳动者切身利益的规章制度和重大事项决定公示，或者告知劳动者。根据《最高人民法院关于审理劳动争议案件适用法律问题的解释（一）》第五十条的规定，用人单位根据劳动合同法第四条规定，通过民主程序制定的规章制度，不违反国家法律、行政法规及政策规定，并已向劳动者公示的，可以作为确定双方权利义务的依据。用人单位制定的内部规章制度与集体合同或者劳动合同约定的内容不一致，劳动者请求优先适用合同约定的，人民法院应予支持。

110 在劳动合同规定不明确情况下，劳动者是否可以享用集体合同规定的权利？

《劳动合同法》第五十四条规定，依法订立的集体合同对用人单位和劳动者具有约束力。行业性、区域性集体合同对当地本行业、本区域的用人单位和劳动者具有约束力。《劳动合同法》第五十五条规定，集体合同中劳动报酬和劳动条件等标准不得低于当地人民政府规定的最低标准；用人单位与劳动者订立的劳动合同中劳动报酬和劳动条件等标准不得低于集体合同规定的标准。因此，在劳动合同规定不明确的情况下，劳动者是可以享用集体合同规定的权利的。集体合同规定的待遇标准是劳动者可享受的最低待遇，任何低于集体合同标准的劳动合同条款都是无效的。

111 用人单位在哪些情形下，应当向劳动者支付经济补偿金?

根据《劳动合同法》第四十六条的规定，用人单位支付解除劳动合同经济补偿金的情形主要有以下几种：

第一种情形是经劳动合同当事人协商一致，由用人单位解除劳动合同的。

第二种情形是劳动者无过错，用人单位单方解除劳动合同的，具体包括：

（1）劳动者患病或者非因工负伤，经劳动鉴定委员会确认不能从事原工作，也不能从事用人单位另行安排的工作，而由用人单位解除劳动合同的。

（2）劳动者不能胜任单位安排的工作，经过用人单位培训或者调整工作岗位仍不能胜任工作，由用人单位解除劳动合同的。

（3）劳动合同订立时所依据的客观情况发生重大变化，致使原劳动合同无法履行，经当事人协商不能就变更劳动合同达成协议的，由用人单位解除劳动合同的。

第三种情形是用人单位经济性裁员，导致劳动合同无法继续履行的，具体包括：

（1）用人单位濒临破产进行法定整顿期间或者生产经营状况发生严重困难，确需裁减人员的，提前 30 日向工会或者全体职工说明情况，听取工会或者职工的意见，向劳动行政部门报告后裁减人员的。

（2）企业转产、技术革新、经营方式调整，经变更劳动合同后，仍然需要裁减人员的。

（3）除用人单位维持或者提高劳动合同约定条件续订劳动合同，劳动者不同意续订的情况外，劳动合同期满而终止固定期限劳动合同的。

第四种情形是用人单位破产等原因，导致劳动合同无法继续履行的，具体包括：

（1）用人单位被依法宣告破产的。

（2）用人单位被吊销营业执照、责令关闭或者用人单位决定提前解散的。

第五种情形是由于用人单位过错，导致劳动者单方解除劳动合同的，具体包括：

（1）用人单位未按照劳动合同约定提供劳动保护或劳动条件的。

（2）用人单位未及时足额支付劳动报酬的。

（3）用人单位未依法为劳动者缴纳社会保险费的。

（4）用人单位的规章制度违反法律、法规的规定，损害劳动者权益的。

（5）用人单位以欺诈、胁迫的手段或者乘人之危，使劳动者在违背真实意思的情况下订立或者变更劳动合同的。

（6）用人单位以暴力、胁迫或者非法限制人身自由的手段强迫劳动者劳动的，或者违章指挥、强令冒险作业危及劳动者人身安全的，劳动者可以立即解除劳动合同而无须事先告知用人单位，并可以要求支付经济补偿金。

（7）法律、行政法规规定的其他情形。

112 什么是劳务派遣？劳务派遣用工与劳动合同用工有何区别？

所谓劳务派遣，即劳动力租赁，指劳务派遣单位与被派遣劳动者建立劳动关系，并将劳动者派遣到用工单位，被派遣劳动者在用工单位的指挥、监督下从事劳动的用工形式。根据《劳动合同法》第六十六条规定，劳动合同用工是我国的企业基本用工形式。劳务派遣用工是补充形式，只能在以下工作岗位实施：

（1）临时性岗位，是指存续时间不超过六个月的岗位。

（2）辅助性岗位，是指为主营业务岗位提供服务的非主营业务岗位。

（3）替代性岗位，是指用工单位的劳动者因脱产学习、休假等原因无法工作的一定时间内，可以由其他劳动者替代工作的岗位。同时，《劳务派遣暂行规定》第四条规定，用工单位应当严格控制劳务派遣用工数量，使用的被派遣劳动者数量不得超过其用工数量的 10%。

劳务派遣用工与劳动合同用工存在以下区别：

（1）合同期限不同。劳务派遣合同的期限比较明确，为两年以上固定期限；而劳动合同分为固定期限劳动合同、无固定期限劳动合同和以完成一定工作任务为期限的劳动合同，其中固定期限的长短由用人单位和劳动者自由约定。

（2）合同解除的规定不同。《劳动合同法》第六十五条规定，被派遣劳动者有本法第三十九条和第四十条第一项、第二项规定情形的，用工单位可以将劳动者退回劳务派遣单位，劳务派遣单位依照本法有关规定，可以与劳动者解除劳动合同。劳动合同的解除则依照《劳动合同法》第四章“劳动合同的解除和终止”的有关条款执行。

113 发生工伤事故，应当按照什么程序进行工伤认定？

职工发生工伤事故或者按照职业病防治法规定被诊断、鉴定为职业病后，应当按照以下程序进行工伤认定：

（1）提出申请。所在单位应当自事故伤害发生之日或者被诊断、鉴定为职业病之日起三十日内，向统筹地区社会保险行政部门提出工伤认定申请。遇有特殊情况经报社会保险行政部门同意，申请时限可以适当延长。用人单位未按规定提出工伤认定申请的，工伤职工或者其近亲属、工会组织在事故伤害发生之日或者被诊断、鉴定为职业病之日起一年内，可以直接向用人单位所在地统筹地区社会保险行政部门提出工伤认定申请。

用人单位未在《工伤保险条例》规定的其应当提出工伤认定申请时限内提出工伤认定申请，在此期间发生符合规定的工伤待遇等有关费用由该用人单位负担。

（2）提交材料。根据《工伤保险条例》第十八条规定，提出工伤认定申请应当提交下列材料：工伤认定申请表；与用人单位存在劳动关系（包括事实劳动关系）的证明材料；医疗诊断证明或者职业病诊断证明书（或者职业病诊断鉴定书）。工伤认定申请表应当包括事故发生的时间、地点、原因以及职工伤害程度等基本情况。

（3）工伤认定的决定。根据《工伤保险条例》第十九条规定，社会保险行政部门受理工伤认定申请后，根据审核需要可以对事故伤害进行调查核实，用人单位、职工、工会组织、医疗机构以及有关部门应当予以协助。职业病诊断和诊断争议的鉴定，依照职业病防治法的有关规定执行。对依法取得职业病诊断证明书或者职业病诊断鉴定书的，社会保险行政部门不再进行调查核实。

职工或者其近亲属认为是工伤，用人单位不认为是工伤的，由用人单位承担举证责任。

根据《工伤保险条例》第二十条规定，社会保险行政部门应当自受理工伤认定申请之日起六十日内作出工伤认定的决定，并书面通知申请工伤认定的职工或者其近亲属和该职工所在单位。

社会保险行政部门对受理的事实清楚、权利义务明确的工伤认定申请，应当在十五日内作出工伤认定的决定。

114 什么是职业病？工会如何保障劳动者职业健康权？

根据《职业病防治法》第二条规定，职业病是指企业、事业单位和个体经济组织等用人单位的劳动者在职业活动中，因接触粉尘、放射性物质和其他有毒、有害因素而引起的疾病。《工伤保险条例》中规定的患职业病，是指工伤保险条例覆盖范围内的所有用人单位的劳动者在职业活动中，因接触粉尘、放射性物质和其他有毒、有害物质等因素而引起的疾病。

根据《职业病防治法》的有关规定，用人单位应当为劳动者创造符合国家职业卫生标准和卫生要求的工作环境和条件，并采取措施保障劳动者获得职业卫生保护。同时，工会应当从以下几个方面维护劳动者的职业健康权：

（1）督促并协助用人单位开展职业卫生宣传教育和培训，有权对用人单位的职业病防治工作提出意见和建议。

（2）依法代表劳动者与用人单位签订劳动安全卫生专项集体合同，与用人单位就劳动者反映的有关职业病防治的问题进行协调并督促解决。

（3）对用人单位违反职业病防治法律、法规，侵犯劳动者合法权益的行为，有权要求纠正；产生严重职业病危害时，有权要求采取防护措施，或者向政府有关部门建议采取强制性措施。

（4）发生职业病危害事故时，有权参与事故调查处理；发现危及劳动者生命健康的情形时，有权向用人单位建议组织劳动者撤离危险现场，用人单位应当立即作出处理。

（5）依法对职业病防治工作进行监督，维护劳动者的合法权益。

（6）参与用人单位制定或者修改有关职业病防治的规章制度。

115 如果患上职业病，劳动者享有哪些工伤保险待遇？

按照我国现行管理体制，职业病待遇纳入工伤保险，统一由人力资源社会保障部门管理。根据《工伤保险条例》的规定，工伤待遇包括：

（1）工伤医疗待遇。治疗工伤所需费用符合工伤保险诊疗项目目录、工伤保险药品目录、工伤保险住院服务标准的，从工伤保险基金支付。

（2）辅助器具配置待遇。工伤职工因日常生活或者就业需要，经劳动能力鉴定委员会确认，可以安装假肢、矫形器、假眼、假牙和配置轮椅等辅助器具，所需费用按照国家规定的标准从工伤保险基金支付。

（3）停工留薪期待遇。职工因工作遭受事故伤害或者患职业病需要暂停工作接受工伤医疗的，在停工留薪期内，原工资福利待遇不变，由所在单位按月支付。

（4）工伤伤残待遇。工伤职工已经评定伤残等级并经劳动能力鉴定委员会确认需要生活护理的，从工伤保险基金按月支付生活护理费。

116 如何保障新就业形态劳动者劳动权益?

根据《关于维护新就业形态劳动者劳动保障权益的指导意见》（以下简称《意见》），应从以下几个方面补齐新就业形态劳动者劳动保障权益的短板：

（1）劳动报酬支付和休息制度。明确将不完全符合确立劳动关系情形的新就业形态劳动者纳入最低工资制度保障范围，企业要按时足额支付劳动报酬。通过推动行业明确劳动定员定额标准，科学确定劳动者的工作量和劳动强度，合理确定休息办法。

（2）明确企业不得制定损害劳动者安全健康的考核指标。对企业制定修订直接涉及劳动者权益的制度规则和平台算法，要充分听取工会和劳动者代表意见建议，并公示告知劳动者。

（3）强化了职业伤害保障，明确要开展相应的试点。以出行、外卖、即时配送、同城货运等行业的平台企业为重点，组织开展平台灵活就业人员职业伤害保障试点，平台企业应按规定参加。

（4）在公平就业、参加职工基本养老保险、医疗保险以及城乡居民保险等方面提出相应意见。新就业形态劳动者大部分是灵活就业人员，在参保问题上，存在部分人员不愿参、参不起，个别超大城市未放开外省户籍灵活就业人员参保限制，有的地方参保不便捷等问题，在一定程度上影响了灵活就业人员参保缴费的积极性。为此，《意见》提出，要放开灵活就业人员在就业地参加基本养老保险的户籍限制。组织未参加职工养老保险的灵活就业人员，按规定参加城乡居民基本养老保险，做到应保尽保。

117 《关于切实维护新就业形态劳动者劳动保障权益的意见》的主要内容有哪些?

全国总工会下发的《关于切实维护新就业形态劳动者劳动保障权益的意见》的主要内容包括以下七个方面：

（1）强化思想政治引领。坚持不懈用习近平新时代中国特色社会主义思想教育引导劳动者，增强他们对中国特色社会主义和社会主义核心价值观的思想认同、情感认同，广泛宣传党的路线方针政策和国家保障新就业形态劳动者权益的政策举措，将党的关怀及时送到职工身边。深入了解这部分劳动者群体的思想、工作和生活状况，以多样性的服务温暖和凝聚人心，团结引导他们坚定不移听党话、跟党走。

（2）加快推进建会入会。主要是加强对新就业形态劳动者入会问题研究，加快制定出台相关指导性文件，对新就业形态劳动者建会入会予以指导规范，最大限度吸引他们加入工会。

（3）切实维护合法权益。包括积极与相关行业协会、企业代表组织等就计件单价、抽成比例、工作时间、劳动保护等开展协商，督促平台企业在规章制度制定及算法等重大事项确定中严格遵守法律规定，积极履行社会责任，加强工会劳动法律监督，为权益受到侵害的劳动者提供法律援助等。

（4）推动健全劳动保障法律制度。包括推动和参与制定劳动保障法律法规，配合政府及政府有关部门完善相关政策，推动司法机关出台相关司法解释和指导案例等。

（5）提供及时优质的服务。包括广泛宣传相关劳动法律法规及政策规定，推动完善社会矛盾纠纷多元预防调处化解综合机制，为新就业形态劳动者提供法律服务。加强职工之家建设和会站家一体化建设，加大普惠服务力度等。

（6）提升网上服务水平。包括推行网上入会的方式，完善网上普惠服务、技能竞赛、法律服务等。

（7）加强素质能力建设。包括开展岗位技能培训、职业技能竞赛、法治宣传及心理健康教育，促进劳动者职业素质整体提升。

GONG HUI QUAN YI BAO ZHANG
GONG ZUO ZI CE TI

第九部分

工会权益保障工作自测题

一、单选题

1. 劳动法律关系主体，一方是劳动者，另一方是（ ）。

A. 用人单位　　B. 事业单位

C. 企业　　D. 团体

2. 根据《劳动合同法》规定，用人单位自（ ）起与劳动者建立了劳动关系。

A. 用工之日　　B. 签订合同之日

C. 上级批准设立之日　　D. 劳动者领取工资之日

3. 根据《劳动合同法》规定，下列不属于劳动合同必备条款的是（ ）。

A. 劳动报酬　　B. 劳动保护和劳动条件

C. 劳动合同期限　　D. 试用期条款

4. 根据《劳动合同法》规定，下列关于劳动合同表述错误的是（ ）。

A. 用人单位自用工之日起满一年不与劳动者订立书面劳动合同的，视为用人单位与劳动者已订立无固定期限劳动合同

B. 劳动合同期限三个月以上不满一年的，试用期不得超过一个月

C. 三年以上固定期限和无固定期限的劳动合同，试用期不得超过六个月

D. 用人单位发生合并或者分立等情况，劳动合同由原用人

单位解除。

5. 根据《劳动合同法》规定，以下关于试用期的说法不正确的是（　）。

A. 同一用人单位与同一劳动者只能约定一次试用期

B. 劳动合同期限一年以上不满三年的，试用期不得超过两个月

C. 劳动者在试用期的工资不得低于用人单位所在地的最低工资标准的 80%

D. 以完成一定工作任务为期限的劳动合同不得约定试用期

6. 根据《劳动合同法》规定，在一般情况下，劳动者要解除与用人单位的劳动合同，应提前（　）日以书面形式通知用人单位。

A. 10　　B. 15

C. 30　　D. 60

7. 对劳动合同的无效或者部分无效有争议的，由（　）确定。

A. 劳动争议仲裁机构或人民法院

B. 人事争议仲裁机构

C. 人民调解委员会

D. 工会

8. 劳动者不能胜任工作，经过培训或者调整工作岗位，仍不能胜任工作的，用人单位可以依法采取以下（　）种处理方式。

A. 解除合同　　B. 终止合同

C. 变更合同　　　　　　　D. 续订合同

9. 根据《劳动合同法》规定，用人单位实施经济性裁员时，应当优先留用（　）人员。

A. 订立固定期限劳动合同的人员

B. 订立无固定期限劳动合同的人员

C. 女职工

D. 年老体弱的职工

10. 用人单位经济性裁员后，在（　）内重新招用人员的，应当通知被裁减的人员，并在同等条件下优先招用被裁减的人员。

A. 六个月　　　　　　　B. 一年

C. 二年　　　　　　　　D. 三年

11. 用人单位违法不与劳动者订立无固定期限劳动合同的，自应当订立无固定期限劳动合同之日起向劳动者每月支付（　）倍的工资。

A. 一　　　　　　　　　B. 二

C. 三　　　　　　　　　D. 四

12. 用人单位违法解除或者终止劳动合同的，应当依照法定经济补偿标准的（　）向劳动者支付赔偿金。

A. 二倍　　　　　　　　B. 二倍以下

C. 一倍以上二倍以下　　D. 150%

13. 与劳动争议有关的证据事项属于用人单位掌握的，由（　）承担举证责任。

A. 劳动者　　　　　　　B. 人民法院

C. 公安局　　　　D. 用人单位

14. 用人单位应当在解除或者终止劳动合同时出具解除或者终止劳动合同的证明，并在（　）日内为劳动者办理档案和社会保险关系转移手续。

A. 10　　　　B. 15

C. 20　　　　D. 30

15. 按照法律规定，职工累计工作已满 1 年不满 10 年的，可享受带薪年休假（　）天。

A. 1　　　　B. 5

C. 10　　　　D. 15

16. 用人单位由于生产经营需要，经与工会和劳动者协商可以延长工作时间，一般每日不得超过 1 小时；因特殊原因需要延长工作时间的，在保障劳动者身体健康的条件下延长工作时间每日不得超过 3 小时，但是每月不得超过（　）个小时。

A. 24　　　　B. 36

C. 48　　　　D. 60

17. 用人单位依法安排劳动者在法定标准工作时间以外延长工作时间的，按照不低于劳动合同规定的劳动者本人小时工资标准的（　）支付劳动者工资。

A. 150%　　　　B. 200%

C. 250%　　　　D. 300%

18. 根据劳动法律法规的规定，下列（　）项不符合工资支付的基本要求。

A. 货币支付　　　　B. 按时支付

C. 足额支付　　D. 向第三人支付

19. 社会保险制度应当坚持（　）方针，确保社会保险水平与经济社会发展水平相适应。

A. 维护公民的合法权益

B. 广覆盖、保基本、多层次、可持续

C. 公民共享发展成果

D. 城乡一体化

20. 我国社会保险的性质是（　）。

A. 自主协商、自主确定的企业行为

B. 按职工个人意愿决定的个人行为

C. 国家立法、强制执行的政府行为

D. 全民参加的公众行为

21. 根据《社会保险法》规定，参加基本养老保险的个人，达到法定退休年龄时累计缴费满（　）年的，按月领取基本养老金。

A. 10　　B. 15

C. 20　　D. 30

22. 根据《社会保险法》规定，劳动者与用人单位应依法参加社会保险，其中劳动者不缴费的项目是（　）。

A. 基本养老保险　　B. 基本医疗保险

C. 失业保险　　D. 工伤保险

23. 按照《社会保险法》规定，个人跨统筹地区就业的，其基本养老保险、基本医疗保险和失业保险关系随本人转移，缴费年限（　）计算。

A. 中止　　　　　　B. 分段

C. 累计　　　　　　D. 重新

24. 职工应当参加失业保险，由用人单位和职工按照国家规定共同缴纳失业保险费。领取失业保险金的期限最长为（　）个月。

A. 6　　　　　　B. 12

C. 18　　　　　　D. 24

25. 失业保险金的标准，由省、自治区、直辖市人民政府确定，不得低于（　）标准。

A. 城市居民最低生活保障

B. 下岗人员基本生活费

C. 基本养老金

D. 当地最低工资

26. 职工应当参加生育保险，由用人单位按照国家规定缴纳生育保险费，职工（　）缴纳生育保险费。

A. 按本人工资的 1% 缴纳

B. 按单位平均工资的 1% 缴纳

C. 按社会平均工资的 1% 缴纳

D. 不缴纳

27. 职工应当参加工伤保险，由（　）缴纳工伤保险费。

A. 用人单位　　　　　　B. 职工

C. 用人单位和职工　　　　　　D. 地方政府

28. 根据《工伤保险条例》规定，职工被借调期间受到工伤事故伤害的，若无特殊说明，由（　）承担工伤保险责任。

A. 现用人单位　　B. 原用人单位

C. 职工个人　　D. 两单位共同承担

29. 根据《工伤保险条例》规定，下列关于工伤的表述不正确的是（　）。

A. 对依法取得职业病诊断证明书或者职业病诊断鉴定书的，社会保险行政部门不再进行调查核实

B. 社会保险行政部门工作人员与工伤认定申请人有利害关系的，应当回避

C. 劳动能力鉴定的生活自理障碍分为二个等级：生活完全不能自理和生活部分不能自理

D. 劳动能力鉴定的生活自理障碍分为三个等级：生活完全不能自理、生活大部分不能自理和生活部分不能自理

30. 根据《工伤保险条例》规定，下列可以被认定为工伤的是（　）项。

A. 职工在工作时间因故意犯罪而受伤

B. 职工在工作时间因醉酒或吸毒而受伤

C. 职工在工作时间因自残或自杀而受伤

D. 职工因出差遇到车祸而受伤

31. 根据《工伤保险条例》规定，职工因工致残影响生活自理能力的，应当进行生活自理障碍等级鉴定，生活自理障碍分为（　）个等级。

A. 3　　B. 5

C. 8　　D. 10

32. 用人单位不办理社会保险登记的，由社会保险行政部

门责令限期改正；逾期不改正的，对用人单位处应缴社会保险费一倍以上（　）倍以下的罚款。

A. 一　　B. 二

C. 三　　D. 四

33. 用人单位未按时足额缴纳社会保险费的，由社会保险费征收机构责令限期改正或者补足，并自欠缴之日起，按日加收（　）的滞纳金。逾期仍不缴纳的，由有关行政部门处欠缴数额（　）的罚款。

A. 2‱　一倍以上三倍以下

B. 5‱　一倍以上三倍以下

C. 2‰　一倍以上三倍以下

D. 2‰　一倍以上五倍以下

34. 统筹地区人民政府成立由用人单位代表、参保人员代表，以及工会代表、专家等组成的社会保险监督委员会，掌握、分析社会保险基金的收支、管理和投资运营情况，对社会保险工作提出咨询意见和建议，实施（　）。

A. 行政监督　　B. 社会监督

C. 人大监督　　D. 专门监督

35. 用人单位应当自用工之日起（　）日内为其职工向社会保险经办机构申请办理社会保险登记。未办理社会保险登记的，由社会保险经办机构核定其应当缴纳的社会保险费。

A. 10　　B. 15

C. 30　　D. 60

36. 根据《社会保险法》规定，由（　）依法维护职工的合法权益，参与社会保险重大事项的研究，参加社会保险监督委员会，对与职工社会保险权益有关的事项进行监督。

A. 行政部门　　B. 人事部门

C. 工会　　D. 财务部门

37. 国家对最低生活保障家庭中有劳动能力并处于失业状态的成员，给予就业救助。下列（　）项不属于就业救助的办法。

A. 贷款贴息　　B. 社会保险补贴

C. 岗位补贴和培训补贴　　D. 非公益性岗位安置

38. 最低生活保障家庭中有劳动能力但未就业的成员无正当理由，连续（　）次拒绝接受介绍的与其健康状况、劳动能力等相适应的工作的，县级人民政府民政部门应当决定减发或者停发其本人的最低生活保障金。

A. 1　　B. 2

C. 3　　D. 4

39. 根据《关于企业职工教育经费提取与使用管理的意见》规定，一般企业按照职工工资总额的（　）足额提取教育培训经费。从业人员技术要求高、培训任务重、经济效益较好的企业，可以按工资总额的（　）足额提取教育培训费。

A. 1.5%　2.5%　　B. 2%　3%

C. 2.5%　3.5%　　D. 3%　4%

40. 为保障企业职工的学习权利和提高他们的基本技能，职工教育培训经费的（　）以上应用于企业一般职工的教育和培训。

A. 50%　　B. 60%

C. 70%　　D. 80%

二、多选题

1. 根据《就业促进法》第二条的规定，我国的就业方针是（　）。

A. 劳动者自主择业　　B. 市场调节就业

C. 政府促进就业　　D. 鼓励创业

2. 根据我国法律法规的规定，下列（　）不属于最低工资标准的范围。

A. 加班加点工资　　B. 社会保险费

C. 住房公积金　　D. 劳动保护费用

3. 我国工资分配的原则是（　）。

A. 按劳分配　　B. 同工同酬

C. 工资水平适应经济发展　　D. 工资总量宏观控制

4. 我国的职业培训可以分为（　）种类型。

A. 就业培训　　B. 在职培训

C. 再就业培训　　D. 创业培训

5. 工资的辅助形式有（　）。

A. 奖金

B. 津贴和补贴

C. 加班加点工资

D. 用人单位为劳动者缴纳的社会保险费

6. 用人单位拖欠或者未足额支付工资的，劳动者可以采取

（　）措施维护其劳动报酬权。

A. 向用人单位主张权利

B. 向劳动保障监察部门投诉

C. 向人民法院申请支付令

D. 向劳动争议仲裁机构申请仲裁

7. 下列（　），城镇居民基本医疗保险所需个人缴纳部分由政府给予补贴。

A. 享受最低生活保障的人

B. 丧失劳动能力的残疾人

C. 低收入家庭六十周岁以上的老年人

D. 低收入家庭的未成年人

8. 社会保险统筹地区人民政府成立由（　）组成的社会保险监督委员会，掌握、分析社会保险基金的收支、管理和投资运营情况，对社会保险工作提出咨询意见和建议，实施社会监督。

A. 用人单位代表　　B. 参保人员代表

C. 工会代表　　D. 专家

9. 用人单位或者个人对社会保险经办机构不依法办理（　）事项；或者侵害其他社会保险权益的行为，可以依法申请行政复议或者提起行政诉讼。

A. 社会保险登记

B. 核定社会保险费

C. 支付社会保险待遇

D. 办理社会保险转移接续手续

10. 工会依法维护职工的合法权益，有权通过（ ）途径，对与职工社会保险权益有关的事项进行监督。

A. 参与社会保险重大事项的研究

B. 参加社会保险监督委员会

C. 审议社会保险基金的收支、管理、投资运营情况

D. 组织执法检查

参考答案

一、单选题

1. A	2. A	3. D	4. D
5. C	6. C	7. A	8. A
9. B	10. A	11. B	12. A
13. D	14. B	15. B	16. B
17. A	18. D	19. B	20. C
21. B	22. D	23. C	24. D
25. A	26. D	27. A	28. B
29. C	30. D	31. A	32. C
33. B	34. B	35. C	36. C
37. D	38. C	39. A	40. B

二、多选题

1. ABCD	2. ABCD	3. ABCD	4. ABCD
5. ABC	6. ABCD	7. ABCD	8. ABCD
9. ABCD	10. AB		

FU LU

附　录

全国各省、自治区、直辖市月最低工资标准统计表

（单位：元/月）

地区	第一档	第二档	第三档	第四档
北京	2420			
天津	2320			
河北	2200	2000	1800	
山西	1980	1880	1780	
内蒙古	1980	1910	1850	
辽宁	2100	1900	1700	1420
吉林	1880	1760	1640	1540
黑龙江	2080	1850	1750	
上海	2690			
江苏	2490	2260	2010	
浙江	2490	2260	2010	
安徽	2060	1930	1870	1780
福建	2030	1960	1810	1660
江西	2000	1870	1740	
山东	2200	2010	1820	
河南	2100	2000	1800	
湖北	2210	1950	1800	
湖南	1930	1740	1550	

续 表

地区	第一档	第二档	第三档	第四档
广东	2300	1900	1720	1620
其中：深圳	2360			
广西	1990	1840	1690	
海南	2010	1850		
重庆	2100	2000		
四川	2100	1970	1870	
贵州	1890	1760	1660	
云南	1990	1840	1690	
西藏	2100			
陕西	2160	2050	1950	
甘肃	2020	1960	1910	1850
青海	1880			
宁夏	2050	1900		
新疆	1900	1700	1620	1540

备注：截至 2024 年 7 月 1 日。

中国工运事业和工会工作“十四五”发展规划（节录）

五、高举维护职工合法权益旗帜，增强职工群众获得感幸福感安全感

14. 维护职工劳动经济权益。

高度关注深化供给侧结构性改革，实现碳达峰、碳中和目标中的产业结构转型、绿色转型等对就业结构、就业方式等带来的影响，加大对职工就业、收入分配、社会保障、劳动安全卫生等权益的维护力度。积极推动落实就业优先政策，参与就业创业政策制定，深化工会就业创业服务，广泛开展工会就业创业系列服务活动月以及“京津冀蒙跨区域招聘”、“阳光就业暖心行动”等活动，加强“工 E 就业”、“工会就业服务号”等全国工会就业服务网上平台建设，推动工会网上就业服务体系化建设。积极开展就业技能培训，深入推进以训稳岗；鼓励引导各地工会开展家政服务人员培训，年均培训达到 20 万人次，每年至少推树 30 名“最美家政人”。推动劳务派遣用工依法规范，促进共享用工规范有序。推动各地合理调整最低工资标准。指导企业依法开展工资集体协商，促进企业健全反映劳动力市场供求关系和企业经济效益的工资决定和合理增长机制；总结指导企业技能要素参与分配的经验做法，推动提高技术工人待

遇政策的落实。推动完善职工社会保险制度和分层分类社会救助体系，健全覆盖全民、统筹城乡、公平统一、可持续的多层次社会保障体系。做好工会劳动保护工作，加强对职工安全生产和职业健康知识的教育培训，提高职工事故防范、应急处置和自我保护能力；在重点行业领域探索开展职工安全技能竞赛，深化“安康杯”竞赛等群众性安全生产和职业健康活动。发挥工会劳动保护监督检查作用，督促企业落实安全生产和职业病防治主体责任。积极参加国家安全生产工作巡查、督查、考核和生产安全事故调查处理工作，维护好伤亡职工的合法权益。在重点行业中推行劳动安全卫生专项集体合同制度。

15. 维护职工民主政治权利。

推动企业民主管理立法和有关政策的制定完善，创新民主管理实践形式，深化民主管理载体建设。推动健全省级厂务公开协调领导机构。进一步健全以职工代表大会为基本形式的企事业单位民主管理制度体系，加强职工代表大会、厂务公开以及职工董事职工监事的制度衔接，促进职代会与集体协商、工会劳动法律监督、法律援助等有机结合，融入企业内部自主调处、群体性劳动关系矛盾快速处置机制。聚焦国企改革三年行动计划落实，推进企业集团职代会制度建设，推动将职工代表大会等企业民主管理纳入公司章程，融入企业治理结构和管理体系，探索中国特色现代企业制度下的民主管理实现途径。深化创新区域（行业）职工代表大会制度，强化分类指导，积极扩大民主管理工作对中小微企业的有效覆盖。制定企业民主管理程序指引或操作指南。坚持每年开展企业民主管理师资培训。

深入开展“聚合力、促发展”职工代表优秀提案征集推荐活动、全国厂务公开民主管理评选表彰活动。

16. 维护新就业形态劳动者合法权益。

配合人社部门研究制定维护新就业形态劳动者劳动保障权益政策。积极推动新就业形态劳动者参加社会保险制度，推动研究出台新就业形态劳动者职业伤害保障办法等相关政策措施。推动灵活用工集中的行业制定劳动定额指导标准。加强平台网约劳动者收入保障，推动平台企业、关联企业与劳动者就劳动报酬、支付周期、休息休假和职业安全保障等事项开展协商。推动平台网约劳动者民主参与，督促平台运营企业建立争议处理、投诉机制。指导推动快递、外卖、网约出行、网约货运、家政、保洁等灵活就业人员较多的行业建立、完善劳动者权益保障机制，加强对平台网约劳动者的法律援助和生活服务。积极参与国家企业社会责任制度建设，推动落实企业社会责任。加强对各类社会组织和新阶层新群体的主动关注、积极联系、有效覆盖。

17. 做好农民工维权服务工作。

建立健全工会系统欠薪报告制度和欠薪案件反馈督办机制，推动解决拖欠农民工工资问题，深入实施农民工学历与能力提升行动计划，深化农民工“求学圆梦行动”，设立专项扶持资金，每年帮助 30 万名职工特别是农民工提升学历水平。深入开展“尊法守法·携手筑梦”服务农民工公益法律服务行动，健全农民工法律援助服务网络，开辟农民工劳动争议案件“绿色通道”。创新农民工组织形式和入会方式，逐步建立城乡一体的农民工流动会员管理制度，提高农民工入会的积极性和主动性。推进农民工平等享受城镇基本公共服务。

18. 提升女职工维权服务水平。

积极参与性别平等和女职工权益保障法律法规政策制定修订，推动用人单位建立健全工作场所性别平等制度机制，推行女职工权益保护专项集体合同，促进家庭友好型工作场所建设，帮助职工平衡工作与家庭。强化监督维权，协调推动侵害女职工权益案件调查处理；组织开展女职工维权行动月活动，深化普法宣传到基层活动。实施“女职工关爱行动”，管好用好“关爱女职工专项基金”，做好女职工“两癌”检查、女职工休息哺乳室建设、工会爱心托管服务、“会聚良缘”工会婚恋服务等工作。加强对适婚职工的婚恋观、家庭观教育引导，重视和做好应对人口老龄化国家战略、实施三孩生育政策中女职工就业、生育保险、休息休假等权益维护工作。

六、建立健全高标准职工服务体系，不断提升职工生活品质

19. 加强服务阵地建设。

推进“会、站、家”一体化建设，加强枢纽型社会组织平台功能建设。培育壮大基层工会服务阵地，拓展服务项目，整合社会资源，推动开放共享，实现区域内职工活动与服务基本覆盖。按照“突出公益、聚焦主业、自主经营、依法监管”的工作要求，更好发挥工人疗休养院、工人文化宫、职工互助保障组织等服务职工的作用。加强工人文化宫规范化建设管理，

“十四五”期间，全国建设 100 家标准化工人文化宫，推动经济较发达、职工人数多的县（县级市）实现工人文化宫建设全覆盖；整合工会资源，把县级工人文化宫打造成工会组织综合服务阵地。推进工人疗休养院改革发展，提升综合服务水平，“十四五”期间，各省级总工会至少有一家具有区位和资源优势、具有特色疗养服务和较强接待能力的工人疗休养院，全国工会每年组织劳模、职工疗休养达到 500 万人次，其中技术工人疗休养达到 100 万人次。充分发挥职工互助保障组织作用，加强和规范职工互助保障活动管理，推动实现全国职工互助保障活动省级统筹或管理，到 2025 年底参加职工互助保障活动的会员达到 8000 万人次左右，会员受益面和保障程度同步提高。加强职工院校和职业培训机构建设。推动职工旅行社、工会宾馆等积极承担劳模、职工疗休养等公益服务业务。

20. 健全困难职工家庭常态化帮扶机制。

积极参与社会救助制度顶层设计，促进困难职工帮扶与社会救助体系相衔接。巩固拓展解困脱困工作成果，健全困难职工家庭生活状况监测预警机制和常态化帮扶机制。积极争取各级财政、社会资源、工会经费等多渠道投入帮扶资金，对深度困难、相对困难、意外致困等不同困难类型的困难职工家庭精准帮扶、分类施策，形成层次清晰、各有侧重、有机衔接的梯度帮扶工作格局，每年保障 5 万户以上深度困难职工家庭生活，解决 15 万户以上相对困难职工家庭、意外致困家庭生活暂时困难，引入公益慈善、爱心企业、志愿服务、专业机构等各类社会资源，推进困难职工帮扶与政府救助、公益慈善力量有机结合。推进“以工代赈”式救助帮扶，强化物质帮扶与扶志、扶智相结合，有效激发困难职工家庭解困脱困的内生动力。

21. 实施提升职工生活品质行动。

以精准服务为导向，以满足职工美好生活需要为目标，制定实施工会提升职工生活品质行动方案，推行工会服务职工工作项目清单制度；建立工会帮扶工作智能化平台，健全工会服务职工满意度评价机制。开展帮扶中心赋能增效和幸福企业建设试点工作，提升职工服务中心（困难职工帮扶中心）综合服务职工功能，深入推进职工生活幸福型企业建设工作，精准对接社会资源与职工需求，培育一批服务项目，引导企业改善职工生产生活条件。2021 年完成 20 家试点职工服务中心（困难职工帮扶中心）的综合服务能力建设、50 家职工生活幸福型企业的标准化建设，孵化 100 家服务职工类社会资源；到 2025 年底实现县级以上工会职工服务中心（困难职工帮扶中心）综合服务职工能力全面提升，1 万家企业完成职工生活幸福型企业标准化建设。

22. 打造服务职工系列品牌。

健全完善常态化送温暖机制，继续叫响做实送温暖、金秋助学、阳光就业、职工医疗互助、工会法律援助、关爱农民工子女等工会工作传统品牌。“十四五”期间，各级工会每年筹集送温暖资金 30 亿元以上，走访慰问各类职工 500 万人以上。规范工会户外劳动者服务站点建设，引导更多社会资源参与，分批次推树 1 万个最美工会户外劳动者服务站点，设立专项奖补资金。做实叫响职工之家品牌，规范开展全国模范职工之家评选表彰，到2025年底建立起完善的模范职工之家动态复查监管机制。发挥模范职工之家示范引领作用，探索开展模范职工之家“结对共建”活动，普遍提升职工之家建设质量。加快推进工会志愿服务体系建设，建设管理服务平台，打造职工志愿服务品牌。按照“机制不变、力度不减、突出重点、建立品牌”的总体思路，聚焦思想引领、建功立业、劳动关系协调、就业帮扶、工会自身建设等重点任务，深入开展第三轮全国工会对口援疆援藏工作；帮助定点帮扶县巩固拓展脱贫攻坚成果，实现同乡村振兴有效衔接。

“十四五”时期工会“精准服务”指标

具体指标	发展目标
1. 解困脱困长效机制	“十四五”期间，每年保障5万户以上深度困难职工家庭生活，解决15万户以上相对困难职工家庭、意外致困家庭生活暂时困难。
2. 职工服务中心和职工生活幸福型企业建设	2021年完成20家试点职工服务中心（困难职工帮扶中心）的综合服务能力建设、50家职工生活幸福型企业的标准化建设，孵化100家服务职工类社会资源；到2025年底，实现县级以上工会职工服务中心（困难职工帮扶中心）综合服务职工能力全面提升，1万家企业完成职工生活幸福型企业标准化建设。
3. 工会传统帮扶品牌	“十四五”期间，各级工会每年筹集送温暖资金30亿元以上，走访慰问各类职工500万人以上。
4. 职工文化阵地建设	“十四五”期间，全国建设100家标准化工人文化宫，推动经济较发达、职工人数多的县（县级市）实现工人文化宫建设全覆盖。

续　表

具体指标	发展目标
5. 工人疗休养	“十四五”期间，各省级总工会至少有一家具有区位和资源优势、具有特色疗养服务和较强接待能力的工人疗休养院，全国工会每年组织劳模、职工疗休养达到500万人次，其中技术工人疗休养达到100万人次。
6. 职工互助保障	到2025年底，参加职工互助保障的会员达到8000万人次左右。
7. 最美工会户外劳动者服务站点	“十四五”期间，分批次推树1万个最美工会户外劳动者服务站点。

七、构建和谐劳动关系，推动共建共治共享社会治理

23. 加大劳动法律法规源头参与力度。

积极推动和参与全国人大与社会组织协商立法的制度机制建设，推动涉及职工切身利益的法律法规政策制定和修改。推动和参与《工会法》修订完善，推动制定《基本劳动标准法》、《集体合同法》、《企业民主管理法》等相关劳动法律法规，进一步完善工会协调劳动关系法律制度体系。

24. 推动完善构建和谐劳动关系制度机制。

进一步推动贯彻落实《中共中央　国务院关于构建和谐劳动关系的意见》，完善工会劳动关系发展态势监测和分析研判机制，打造来源可靠、覆盖广泛、运行顺畅、反应迅速的工会劳动关系监测系统，建设具有工会特色的劳动关系数据库。促进健全劳动关系协调机制，探索推进工会劳动关系调处标准化建设，构建劳动争议受理、调查、协调、调解、签约、结案、

回访、归档等一体化业务标准体系；进一步健全协调劳动关系三方组织体系，重点推动工业园区、乡镇（街道）和行业系统建立三方机制，努力构建多层次、全方位、网格化劳动关系协商协调格局。大力推进行业性、区域性集体协商。以正常经营、已建工会的百人以上企业为重点，巩固集体协商建制率，确保重点企业单独签订集体合同率动态保持在 80% 以上；推动企业建立健全多形式多层级的沟通协商机制，应急、应事、一事一议开展灵活协商。开展集体协商质效评估工作，力争到 2025 年底覆盖 60% 以上的重点企业。举办城市工会集体协商竞赛活动。加强专职集体协商指导员队伍建设，力争到 2025 年底，基本实现专职集体协商指导员队伍对县级以上工会组织的全覆盖；加强对从事集体协商工作的工会干部、专职集体协商指导员和职工方协商代表的培训力度，全总每年重点培训 100 人次，各省、市级总工会每年培训不少于 100 人次，各县级总工会每年培训不少于 30 人次。健全完善劳动争议多元化解机制，推进企业和行业性、区域性劳动争议调解组织建设，完善诉调对接工作机制和调解协议履行机制，加强工会参与劳动争议调解工作与人民调解、仲裁调解、司法调解的联动协作和平台对接，不断提升劳动争议调裁审对接工作信息化、智能化水平。完善工会劳动法律法规监督机制，落实《工会劳动法律监督办法》，突出预防和协商的监督理念，重点围绕用人单位恶意欠薪、违法超时加班、违法裁员、未缴纳或未足额缴纳社会保险费等问题，规范和加强工会劳动法律监督工作。推行工会劳动法律监督“一函两书”、劳动用工法律体检、劳动用工监督评估等做法，推动各地工会建立健全与劳动保障监察机构的联动协作机制，全面提升监督实效。开展工会劳动保障法律监督员、劳动人事争议调解员和兼职仲裁员、劳动关系协调员（师）等专项培训。深化和谐劳动关系创建活动，扩大创建活动在非公有制企业和中小企业的覆盖面，推动区域性创建活动由工业园区向企业比较集中的乡镇（街道）、村（社区）拓展。配合行业主管部门构建和谐劳动关系企业指标体系，掌握在企业社会责任认证中的主动权、话语权。推进基层协调劳动关系工作服务站建设，建成一批可复制、可借鉴、可推广的和谐劳动关系示范点。

25. 推进工会工作法治化建设。

加强工会法治宣传教育，不断增强职工群众法治观念、法治意识。实施工会系统“八五”普法规划，建设全国工会普法资源库，打造工会法治宣传教育活动品牌，培育工会法治宣传教育基地，壮大普法志愿者队伍。做强做实工会法律服务，加快法律服务站点建设，推进服务触角进一步向基层延伸。切实加强与司法行政部门沟通协作，进一步加大职工法律援助工作力度。评选表彰“全国维护职工权益杰出律师”，吸引和组织更多的社会律师等法律专业人才参与工会法律服务工作。进一步落实工会干部特别是领导干部学法用法制度，不断增强运用法治思维、法治方式开展工会工作的能力和水平。

26. 健全落实“五个坚决”要求的长效机制。

认真贯彻落实总体国家安全观，围绕统筹发展和安全，坚持底线思维、增强忧患意识，坚持维权维稳相统一，发扬斗争精神、增强斗争本领，做到守土有责、守土负责、守土尽责，切实维护劳动领域政治安全，促进职工队伍团结统一与社会和谐稳定。参与推进市域社会治理现代化试点和工会系统平安中国建设，建立健全工会系统平安中国建设工作的能力体系。落实“五个坚决”要求，推进工会维护劳动领域安全稳定体系和能力建设，建立健全工会维护劳动领域政治安全长效机制，做好职工队伍稳定风险隐患专项排查化解工作，防患于未然，把风险隐患化解在基层一线、消除在萌芽状态。落实意识形态工作责任制，加强对意识形态风险隐患梳理排查、突发事件引导处置，牢牢掌握劳动领域意识形态斗争主导权。深化工会对劳动领域社会组织政治引领、示范带动、联系服务工作，形成党委全面领导、政府重视支持、工会联系引导、各方密切协作、社会组织专业服务、职工群众广泛参与的工作格局，推动建立创新示范基地，在条件成熟的地方培育孵化党委领导、工会主管的劳动领域社会组织或劳动领域社会组织联合会。健全完善工会信访治理体系，建好全国工会信访工作信息平台，完善信访矛盾多元化解机制，健全完善律师等第三方参与工会信访工作的组织形式和制度化渠道。

“十四五”时期工会“依法维权”指标

具体指标	发展目标
1. 集体合同签订率	到2025年底，确保重点企业（即正常经营、已建工会的百人以上企业）集体合同签订率动态保持在80%以上。
2. 集体协商质效评估	到2025年底，集体协商质效评估工作覆盖60%以上的重点企业。

续 表

具体指标	发展目标
3. 集体协商指导员队伍建设	到2025年底，基本实现专职集体协商指导员队伍对县级以上工会组织全覆盖；加强对从事集体协商工作的工会干部、专职集体协商指导员和职工方协商代表的培训力度，全总每年重点培训100人次，各省、市级总工会每年培训不少于100人次，各县级总工会每年培训不少于30人次。

中华全国总工会关于印发《中央财政专项帮扶资金使用管理办法》的通知

（2015年5月8日）

各省、自治区、直辖市总工会：

为进一步规范中央财政专项帮扶资金的分配、使用和管理，现将《中央财政专项帮扶资金使用管理办法》印发给你们，请遵照执行。

中央财政专项帮扶资金使用管理办法

第一条　为加强中央财政专项帮扶资金（以下简称帮扶资金）管理，提高资金使用效能，确保资金规范安全运行，依据《财政部关于印发〈困难职工帮扶中心专项资金管理办法〉的通知》（财建〔2006〕468号）制定本办法。

第二条　本办法所称中央财政专项帮扶资金，是指中央财政拨付的，用于支持各级工会困难职工帮扶中心开展困难职工（含困难农民工，下同）帮扶救助活动的专项资金。

第三条　帮扶资金发放和使用，应当坚持“依档帮扶”，“先建档、后帮扶、实名制”的原则。各地工会应根据全国总工会制定的困难职工档案管理办法，准确核查困难职工家庭状况，建立困难职工档案并动态管理。

第四条　帮扶资金使用对象是已纳入工会档案的困难职工家庭，主要包括：

（一）家庭人均收入低于当地最低生活保障线，经政府救助后仍生活困难的职工家庭。

（二）家庭人均收入虽略高于当地最低生活保障线，但由于患病、子女上学、残疾、单亲及其他特殊原因造成生活困难的职工家庭。

（三）因职工本人或家庭成员遭遇突发事件、意外伤害、重大疾病或其他特殊原因导致生活困难的职工家庭。

困难农民工应符合（一）至（三）款所规定条件且加入工会组织。

第五条　帮扶资金适用于生活救助、医疗救助、子女助学、法律援助、职业培训、职业介绍等帮扶项目。

（一）用于生活救助的资金，每户每年不得超过当地低保标准年度总和。

（二）用于医疗救助的资金，不得超过医疗费用个人自付部分。

（三）用于助学救助的资金，每生每年不得超过十个月基本生活费用总和。

（四）用于职业培训、职业介绍的资金，执行当地政府人力资源和社会保障部门制定的同类工种标准。

（五）用于法律援助的资金，执行当地政府司法行政部门制定的法律援助补贴标准。

帮扶资金不得用于下列支出：支付帮扶中心工作人员工资或办公经费；发放各种奖金、津贴和福利补助；购买车辆、手机等交通工具及通讯设备；帮扶中心基本建设投资；其他与困难职工群体帮扶无关的支出。

第六条　帮扶资金的分配由各省、自治区、直辖市总工会参照地市级工会上一年度预算执行情况，依据各地经济社会发展总体状况、最低生活保障标准和建档困难职工户数、自然灾害发生情况以及绩效评价结果等因素制定，并经领导班子集体审议后报全国总工会。

第七条　帮扶资金的预算、决算按照全国总工会预算管理办法要求执行，纳入县以上工会预算、决算统一管理。帮扶资金根据预算于本年度使用完毕，不得结转下年度。

第八条　帮扶资金使用应采取非现金支付形式，用于困难职工生活救助、医疗救助、子女助学的，应当通过银行卡（存折）发放，帮扶中心应及时将帮扶项目、金额、次数和具体时间通知困难职工家庭，并将银行对账单存档备查。用于其他帮扶项目的，采取银行转账方式结算，属于政府采购范围的，执行政府采购有关规定。

帮扶资金使用情况应当在30个工作日内录入全国工会帮扶工作管理系统。

第九条　帮扶资金实行独立核算、专账管理、专款专用。核算单位应当按照工会会计制度要求设置会计科目，建立总账、明细账和其他辅助台账。

第十条 各级工会应加强帮扶资金管理监督。

（一）保障部门负责制定困难职工建档和帮扶标准，对帮扶资金的管理和使用进行指导督查，编制资金分配和使用方案。帮扶中心负责建立和管理困难职工档案，开展具体帮扶活动。

（二）财务部门负责帮扶资金的接收、拨付等财务管理，规范会计核算，加强财务指导和检查。

（三）经审部门负责帮扶资金管理使用的审计监督。

第十一条 帮扶资金专款专用，任何单位和个人不得截留、挤占、挪用。对违反规定弄虚作假、骗取资金、挤占挪用的，上级工会应根据情况减拨或停拨资金、追回违规所得资金。

第十二条 各省、自治区、直辖市总工会根据本办法的规定，结合本地实际，制定具体实施细则，报全国总工会备案。各省、自治区、直辖市总工会筹集的配套资金参照本办法执行，其中地方财政专项帮扶资金根据当地财政批复执行。

第十三条 本办法自下发之日起执行，《中华全国总工会关于困难职工帮扶中心专项资金使用管理办法（暂行）》（总工发〔2009〕36号）同时废止。

第十四条 本办法由全国总工会负责解释。

中华全国总工会关于切实维护新就业形态劳动者劳动保障权益的意见

（2021年7月12日）

为深入贯彻落实党的十九大和十九届二中、三中、四中、五中全会精神，贯彻落实习近平总书记关于新就业形态、平台经济的重要讲话和重要指示精神，现就切实维护新就业形态劳动者劳动保障权益工作，提出以下意见。

一、总体要求

（一）重要意义。党中央高度重视维护好新就业形态劳动者劳动保障权益。习近平总书记多次作出明确指示，要求维护好新就业形态劳动者合法权益。新就业形态劳动者在我国经济社会发展中发挥着不可或缺的重要作用，解决好他们在劳动报酬、社会保障、劳动保护、职业培训、组织建设、民主参与和精神文化需求等方面面临的困难和问题，是落实习近平总书记重要指示和党中央决策部署的必然要求，是促进平台经济长期健康发展的必然要求，是工会履行好维权服务基本职责的必然要求。各级工会要充分认识维护新就业形态劳动者劳动保障权益的重要性紧迫性，强化责任担当，积极开拓创新，做实做细各项工作。

（二）指导思想。坚持以习近平新时代中国特色社会主义思想为指导，深入学习贯彻习近平总书记关于工人阶级和工会工作的重要论述，坚持以党建带工建的工作原则，坚持以职工为中心的工作导向，坚持立足大局、顺势而为、审慎稳妥的工作方针，聚焦解决新就业形态劳动者最关心最直接最现实的急难愁盼问题，推动建立健全新就业形态劳动者权益保障机制，不断增强新就业形态劳动者的获得感、幸福感、安全感，最大限度地把新就业形态劳动者吸引过来、组织起来、稳固下来，进一步夯实党长期执政的阶级基础和群众基础。

二、工作举措

（三）强化思想政治引领。切实履行好工会组织的政治责任，坚持不懈用习近平新时代中国特色社会主义思想教育引导新就业形态劳动者，增强他们对中国特色社会主义和社会主义核心价值观的思想认同、情感认同，更加紧密地团结在以习近平同志为核心的党中央周围。深入新就业形态劳动者群体，广泛宣传党的路线方针政策和保障新就业形态劳动者群体权益的政策举措，将党的关怀和温暖及时送达。深入了解新就业形态劳动者群体的思想状况、工作实际、生活需求，引导他们依法理性表达利益诉求。关心关爱新就业形态劳动者，以多样性服务项目实效打动人心、温暖人心、影响人心、凝聚人心，团结引导他们坚定不移听党话、跟党走。

（四）加快推进建会入会。加强对新就业形态劳动者入会问题的研究，加快制定出台相关指导性文件，对建立平台企业工会组织和新就业形态劳动者入会予以引导和规范。强化分类指导，明确时间节点，集中推动重点行业企业特别是头部企业及其下属企业、关联企业依法普遍建立工会组织，积极探索适应货车司机、网约车司机、快递员、外卖配送员等不同职业特点的建会入会方式，通过单独建会、联合建会、行业建会、区域建会等多种方式扩大工会组织覆盖面，最大限度吸引新就业形态劳动者加入工会。保持高度政治责任感和敏锐性，切实维护工人阶级和工会组织的团结统一。

（五）切实维护合法权益。发挥产业工会作用，积极与行业协会、头部企业或企业代表组织就行业计件单价、订单分配、抽成比例、劳动定额、报酬支付办法、进入退出平台规则、工作时间、休息休假、劳动保护、奖惩制度等开展协商，维护新就业形态劳动者的劳动经济权益。督促平台企业在规章制度制定及算法等重大事项确定中严格遵守法律法规要求，通过职工代表大会、劳资恳谈会等民主管理形式听取劳动者意见诉求，保障好劳动者的知情权、参与权、表达权、监督权等民主政治权利。督促平台企业履行社会责任，促进新就业形态劳动者体面劳动、舒心工作、全面发展。加强工会劳动法律监督，配合政府及其有关部门监察执法，针对重大典型违法行为及时发声，真正做到哪里有职工，哪里就应该有工会组织，哪里的职工合法权益受到侵害，哪里的工会就要站出来说话。

（六）推动健全劳动保障法律制度。积极推动和参与制定修改劳动保障法律法规，充分表达新就业形态劳动者意见诉求，使新就业形态劳动者群体各项权益在法律源头上得以保障。

配合政府及其有关部门，加快完善工时制度，推进职业伤害保障试点工作。推动司法机关出台相关司法解释和指导案例。

（七）及时提供优质服务。深入开展“尊法守法·携手筑梦”服务农民工公益法律服务行动和劳动用工“法律体检”活动，广泛宣传相关劳动法律法规及政策规定，督促企业合法用工。推动完善社会矛盾纠纷多元预防调处化解综合机制，重点针对职业伤害、工作时间、休息休假、劳动保护等与平台用工密切相关的问题，为新就业形态劳动者提供法律服务。充分利用工会自有资源和社会资源，加强职工之家建设，推进司机之家等服务阵地建设，规范和做好工会户外劳动者服务站点工作，联合开展货车司机职业发展与保障行动、组织和关爱快递员、外卖送餐员行动等。加大普惠服务工作力度，丰富工会服务新就业形态劳动者的内容和方式。针对新就业形态劳动者特点和需求组织各类文体活动，丰富他们的精神文化生活

（八）提升网上服务水平。加快推进智慧工会建设，紧扣新就业形态劳动者依托互联网平台开展工作的特点，大力推行网上入会方式，创新服务内容和服务模式，让广大新就业形态劳动者全面了解工会、真心向往工会、主动走进工会。构建“互联网＋”服务职工体系，完善网上普惠服务、就业服务、技能竞赛、困难帮扶、法律服务等，形成线上线下有机融合、相互支撑的组织体系，为新就业形态劳动者提供更加及时精准的服务。

（九）加强素质能力建设。针对新就业形态劳动者职业特点和需求，开展职业教育培训、岗位技能培训、职业技能竞赛等

活动，推动新就业形态劳动者职业素质整体提升。组织开展贴近新就业形态劳动者群体特点的法治宣传教育，提高劳动者维权意识和维权能力。开展心理健康教育，提升新就业形态劳动者适应城市生活、应对困难压力、缓解精神负担的能力。

三、组织保障

（十）加强组织领导。牢固树立大局观念，将新就业形态劳动者劳动权益保障作为当前和今后一段时期各级工会的重点任务，协助党委政府做好工作。各级工会要落实属地责任，成立主要领导任组长，各相关部门和产业工会共同参加的工作领导小组，制定工作方案，明确目标任务、责任分工、时间安排，配强工作力量，加大经费投入，形成一级抓一级、层层抓落实的工作机制。

（十一）深化调查研究。组织干部职工开展赴基层蹲点活动，深入一线蹲点调研，面对面了解新就业形态劳动者权益保障方面存在的突出问题，准确掌握一手资料，有针对性地研究提出对策建议。加强对平台经济领域劳动用工情况及劳动关系发展形势的分析研判，及时发现和积极解决苗头性、倾向性问题，做到早发现、早预警、早处置。

（十二）密切协作配合。积极推动建立工作协调联动机制，形成党委领导、政府支持、各方协同、工会力推、劳动者参与的工作格局。重要情况要第一时间向党委报告、请示。通过与政府联席会议制度及时报告情况、研究问题。充分发挥各级协调劳动关系三方机制作用，及时就新就业形态劳动者权益保障相关重大问题进行沟通协商，推动出台相关制度文件。加强与相关部门、行业协会和头部企业的沟通联系，推动制定相关标准和工作指引，保障劳动者权益。联系和引导劳动关系领域社会组织服务新就业形态劳动者。工会各部门、产业工会要牢固树立“一盘棋”思想，主动担当、密切配合，齐心协力推进工作。

（十三）注重工作实效。坚持问题导向、目标导向，压实责任，细化措施，狠抓落实。在充分摸清情况、掌握困难和问题的基础上谋划解决办法，把新就业形态劳动者满意不满意作为检验工作成效的标准。切实改进工作作风，敢于啃硬骨头，勇于担当、迎难而上，扎实有序推进各项工作。一边推进一边总结，逐步建立健全务实管用的工作机制，形成一批可复制、可推广的典型经验。

（十四）加大宣传力度。充分运用各地主流媒体、工会宣传阵地以及“两微一端”等线上线下宣传手段，面向平台企业和广大新就业形态劳动者开展形式多样的宣传活动，介绍工会的性质、作用和工会维权服务实效。注重培养、选树新就业形态劳动者和平台企业先进典型，及时表彰宣传，发挥示范作用。通过现代媒体平台扩大舆论影响，广泛凝聚共识，推动形成全社会共同关爱和服务新就业形态劳动者群体的良好氛围。

各地工会要根据本意见，结合当地实际研究制定相应的实施办法，认真抓好落实。

人力资源社会保障部办公厅关于印发《新就业形态劳动者休息和劳动报酬权益保障指引》《新就业形态劳动者劳动规则公示指引》《新就业形态劳动者权益维护服务指南》的通知

（2023 年 11 月 8 日）

各省、自治区、直辖市及新疆生产建设兵团人力资源社会保障厅（局）：

为深入贯彻落实党的二十大精神，支持和规范发展新就业形态，加强新就业形态劳动者权益保障，根据劳动法律法规和《关于维护新就业形态劳动者劳动保障权益的指导意见》，我们编制了《新就业形态劳动者休息和劳动报酬权益保障指引》《新就业形态劳动者劳动规则公示指引》《新就业形态劳动者权益维护服务指南》，现印发给你们。

各地要准确理解指引指南内容，做好宣传解读工作，指导企业依法规范用工、新就业形态劳动者依法维权，切实维护好新就业形态劳动者基本权益。

新就业形态劳动者休息和劳动报酬权益保障指引

第一章　总　　则

第一条　为支持和规范发展新就业形态，维护新就业形态劳动者休息和劳动报酬权益，根据国家有关法律法规和政策，制定本指引。

第二条　本指引所称新就业形态劳动者，主要指线上接受互联网平台发布的配送、出行、运输、家政服务等工作任务，按照平台要求提供平台网约服务，通过劳动获取劳动报酬的劳动者。本指引所称企业是指平台企业和平台用工合作企业。

第二章　工作时间和休息

第三条　企业要制定完善新就业形态劳动者休息办法，科学确定劳动者工作量和劳动强度，确保劳动者获得必要休息时间，防止劳动者过度劳动，保障劳动者身体健康。

第四条　新就业形态劳动者每日工作时间包括当日累计接单时间和适当考虑劳动者必要的在线等单、服务准备、生理需求等因素确定的宽放时间。企业明确要求新就业形态劳动者在线时间或在指定时间前往指定场所接受常规管理的，企业要求的在线时间和线下接受常规管理时间计入工作时间。

接单时间是指劳动者自执行订单任务时起至完成任务时止的全部时间。劳动者同一时间接两个及以上订单，接单时间不重复计算。劳动者因作业性质和特点，在接单时间内执行订单任务期间可获得连续较长休息时间的，该休息时间可不计入工作时间。

宽放时间由企业与工会或新就业形态劳动者代表结合行业实际，平等协商合理确定。

第五条 企业与工会或新就业形态劳动者代表要根据法律法规精神和行业管理规定，结合行业特点和企业实际，平等协商合理确定新就业形态劳动者连续最长接单时间和每日最长工作时间。劳动者达到连续最长接单时间和每日最长工作时间的，系统应推送休息提示，并停止推送订单一定时间。若劳动者当时正在执行订单任务过程中，从该订单任务完成后开始计算停止推送订单时长。

第六条 企业要建立新就业形态劳动者工作时间、接单时间台账，确保劳动者可通过应用程序自主查询本人工作时间、接单时间等完整记录。

第三章 劳动报酬

第七条 企业与工会或新就业形态劳动者代表结合行业特点和企业实际，平等协商制定新就业形态劳动者劳动报酬规则，明确劳动定额标准、抽成比例、计件单价、劳动报酬支付周期、考核办法等，确保新就业形态劳动者提供劳动获得合理劳动报酬。

第八条 不完全符合确立劳动关系情形但企业对劳动者进行劳动管理的新就业形态劳动者，适用劳动者实际工作地人民政府规定的小时最低工资标准。

第九条 新就业形态劳动者在法定节假日工作的，企业应向劳动者支付高于正常工作时间劳动报酬的合理报酬。

第十条 企业要以货币形式将劳动报酬支付给新就业形态劳动者本人，不得以实物及有价证券替代货币支付。

第十一条 企业应按时足额支付新就业形态劳动者劳动报酬，不得克扣或无故拖欠。企业支付劳动报酬时，应向劳动者提供本人的劳动报酬清单。

第十二条 平台企业要对用工合作企业按时足额发放新就业形态劳动者劳动报酬等情况进行监督。

第四章 附 则

第十三条 符合确立劳动关系情形的新就业形态劳动者，休息和适用最低工资标准等按照《中华人民共和国劳动法》《最低工资规定》等法律法规规章执行。

第十四条 个人依托互联网平台完全自主开展经营活动的，不适用本指引。

新就业形态劳动者劳动规则公示指引

第一条 为引导平台企业依法合规制定和修订新就业形态劳动者劳动规则，保障新就业形态劳动者知情权和参与权，根据国家有关法律法规和政策，制定本指引。

第二条 本指引所称新就业形态劳动者，主要指线上接受互联网平台发布的配送、出行、运输、家政服务等工作任务，按照平台要求提供平台网约服务，通过劳动获取劳动报酬的劳动者。本指引所称企业是指平台企业和平台用工合作企业。

第三条 本指引所称劳动规则是指平台企业组织新就业形态劳动者提供网约服务，进行工作调度和劳动管理时所依据的规章制度、格式合同条款和算法规则等。

第四条 平台企业制定或修订平台劳动规则要遵循合法规范、公平公正、透明可释、科学合理、诚实信用的原则，依法履行民主程序。

第五条 平台企业要向依托平台就业的新就业形态劳动者公开订单分配、报酬及支付、工作时间和休息、职业健康与安全、服务规范等与劳动者基本权益直接相关的规章制度、格式合同条款、算法规则及其运行机制等。包括并不限于：

（一）新就业形态劳动者进入、退出平台规则；

（二）平台订单分配规则，包括订单分配的基本原则、订单优先分配或差别性分配规则等；

（三）报酬规则，包括计件单价及确定因素，抽成比例及确定因素，报酬构成及支付周期、支付方式等；

（四）工作时间和休息规则，包括任务完成时限要求及其确定依据和主要影响因素等，为防止疲劳对每日（或周／月）累计最长工作时间、停止推送订单休息等限制性规定；

（五）奖惩规则，包括服务要求和规范，考核制度，奖励和惩戒的情形、方式、标准，劳动者的申诉渠道和企业处理申诉的程序、结果反馈方式等；

（六）其他直接涉及劳动者切身利益的规则。

第六条 平台企业制定或修订直接涉及新就业形态劳动者权益的劳动规则，要提前通过应用程序弹窗等显著方式向劳动者公开征求意见，充分听取工会或劳动者代表的意见建议，将采纳情况告知劳动者。确定实施前，至少提前七日向劳动者予以公示。

第七条 平台企业拟调整经营方式或制定、修订劳动规则对新就业形态劳动者权益有重大影响的，了解或应当了解平台用工合作企业涉及新就业形态劳动者权益的重大制度规则调整的，要开展风险评估，并提前七日向服务所在地人力资源社会保障行政部门和相关主管部门报告，听取意见建议。

第八条 平台企业要在应用程序等显著位置，以清晰易懂的语言，真实、准确地持续公示有关内容，确保新就业形态劳动者能够随时方便查看完整内容，并提供反馈有关意见建议的渠道。

新就业形态劳动者权益维护服务指南

第一章 总 则

第一条 为健全新就业形态劳动者权益维护机制，畅通维权渠道，及时、便捷、高质量化解涉新就业形态劳动纠纷，切实维护好新就业形态劳动者权益，促进平台经济持续健康发展，制定本指南。

第二条 政府行政部门、法院、工会、企业代表组织、平台企业等要不断探索创新适合新就业形态特点的劳动者维权服务方式，改进和优化对新就业形态劳动者的维权服务。

第三条 新就业形态劳动者维护自身权益时应当依法合理表达诉求，不得采取违法和过激形式。

第二章 企业内部劳动纠纷化解机制

第四条 平台企业要建立健全与新就业形态劳动者的常态化沟通机制和新就业形态劳动者申诉机制，畅通线上和线下沟通渠道。

第五条 新就业形态劳动者可向平台企业反映对平台劳动规则的意见建议或其他合理诉求，平台企业要认真听取并作出回应。

第六条 新就业形态劳动者认为平台用工合作企业侵犯其合法权益的，可向平台企业投诉。平台企业要积极核查，协调处理。情况属实的，要督促用工合作企业及时整改。

第七条 新就业形态劳动者对报酬计算、服务时长、服务费用扣减、奖惩、平台用工合作企业管理服务等有异议的，或遭遇职场欺凌、骚扰的，可向平台企业反映或申诉，平台企业要在承诺时间内予以回应并公正处理。

第八条 新就业形态劳动者认为自身劳动权益受到侵害时，可优先与企业协商解决，也可请工会或第三方组织共同与企业协商解决。

第九条 鼓励平台企业成立由工会代表、新就业形态劳动者代表和企业代表参加的企业内部劳动纠纷调解委员会，提供涉新就业形态劳动者劳动纠纷调解服务。新就业形态劳动者认为自身劳动权益受到侵害时，可向企业劳动纠纷调解委员会提出。调解委员会应当及时核实情况，协调企业进行整改或者向劳动者做出说明。

第三章　工会权益维护服务

第十条　新就业形态劳动者有权加入工会。工会组织要积极吸收新就业形态劳动者入会。

第十一条　工会组织要及时帮助新就业形态劳动者解决生活和工作中遇到的困难。新就业形态劳动者在生活和工作中遇到困难，可向所在工会组织或当地工会组织请求予以支持和帮助。

第十二条　工会组织要对平台企业、平台用工合作企业履行用工责任情况进行监督。平台企业、平台用工合作企业违反新就业形态劳动者权益保障相关法律法规政策，工会组织要提出意见或者要求纠正。新就业形态劳动者可向工会组织反映对企业劳动管理的意见建议。工会组织要收集新就业形态劳动者意见，并及时向企业反馈。对工会提出的意见和收集的新就业形态劳动者的意见建议，企业要及时研究，给予答复。

第十三条　工会组织要推动平台企业建立常态化的沟通协商机制，代表或组织新就业形态劳动者就涉及劳动者切身利益的事项与平台企业沟通、协商，订立集体合同或协议。新就业形态劳动者有权参与工会与企业组织的恳谈会、集体协商等活动，平台企业、平台用工合作企业应提供便利条件。

第十四条 新就业形态劳动者认为平台企业、平台用工合作企业侵犯自身劳动权益申请劳动争议仲裁或者向人民法院提起诉讼的，可向工会组织申请法律援助等服务。

第十五条 新就业形态劳动者可就近在工会组织等建立的服务站点申请协调解决权益维护问题。

第四章 相关部门机构权益维护服务

第十六条 新就业形态劳动者与企业发生纠纷，可向人民调解委员会和各级各类专业性劳动争议调解组织申请调解。经调解达成的调解协议，具有法律约束力，当事人应按照约定履行。符合条件的，可向人民法院申请司法确认或向劳动争议仲裁机构申请置换。

第十七条 发生争议后调解不成或当事人不愿调解，符合劳动争议受案范围的，新就业形态劳动者可向实际工作地的劳动争议仲裁机构申请劳动争议仲裁。不符合劳动争议受案范围的，新就业形态劳动者可向人民法院起诉，人民法院应当依法受理。

第十八条 符合劳动保障监察职权范围的事项，新就业形态劳动者可向人力资源社会保障行政部门举报投诉。各地人力资源社会保障行政部门应当畅通举报投诉渠道，及时受理新就业形态劳动者的举报投诉，依法维护劳动者合法权益。

第十九条 新就业形态劳动者可依法向法律援助机构申请法律援助。鼓励法律援助机构在新就业形态劳动者集中工作地或休息地设立法律援助站或者联络点，就近提供法律援助服务，开设新就业形态劳动者法律援助“绿色通道”，提供便捷高效服务。

第二十条 各地要积极构建新就业形态劳动纠纷多元调解机制，加强劳动人事争议调解与人民调解、行政调解、司法调解协调联动。

鼓励有条件的地方探索创新新就业形态劳动纠纷调处机制，联通法院、人社、司法行政、工会、企业代表组织等各类争议处理资源，建立“一站式”的新就业形态争议调处机构。

鼓励新就业形态劳动者比较集中的市、区以及有条件的县和乡镇、街道，联合相关资源力量，组建集咨询疏导、争议调解、劳动仲裁、法律援助、专业审判于一体的新就业形态劳动用工争议多元化解中心。

第二十一条 新就业形态劳动者生活困难需要救助的，可向有关部门申请救助。

第五章 附 则

第二十二条 涉新就业形态商事纠纷不适用本指南。

人力资源社会保障部等七部门关于实施高技能领军人才培育计划的通知

（2024 年 1 月 30 日）

各省、自治区、直辖市及新疆生产建设兵团人力资源社会保障厅（局）、发展改革委、教育厅（教委、教育局）、科技厅（局）、财政厅（局）、国资委、总工会：

根据中共中央办公厅、国务院办公厅《关于加强新时代高技能人才队伍建设的意见》要求，人力资源社会保障部、国家发展改革委、教育部、科技部、财政部、国务院国资委、全国总工会联合制定了高技能领军人才培育计划。现印发给你们，请结合实际做好组织实施工作。

高技能领军人才培育计划

为贯彻落实党的二十大关于加快建设国家战略人才力量，努力培养造就更多大国工匠、高技能人才的战略部署，进一步扩大高技能人才数量规模，提升素质水平，从 2024 年到 2026 年，联合组织实施高技能领军人才培育计划。

一、指导思想

以习近平新时代中国特色社会主义思想为指导，深入贯彻党的二十大精神，坚持党对高技能人才队伍建设的全面领导，培养一批爱党报国、敬业奉献、素质优良、技艺精湛的高技能领军人才（以下简称“领军人才”），支持他们不断成长、发挥作用，为全面建设社会主义现代化国家、推动高质量发展提供高技能人才有力支撑。

二、目标任务

（一）领军人才范围。领军人才指政治立场坚定、践行工匠精神、解决生产难题、推动创新创造、培养青年人才的骨干中坚技能人才，包括获得全国劳动模范、中华技能大奖、全国技术能手、全国五一劳动奖章等荣誉，或享受省级以上政府特殊津贴、获得省级以上表彰奖励，或各省（自治区、直辖市）政府认定的“高精尖缺”高技能人才。

（二）工作目标。以实施新时代人才强国战略为指导，紧密围绕国家重大战略、重大工程、重大项目、重点产业需求，动员和依托社会各方面力量，在先进制造业、现代服务业等有关行业重点培育领军人才。力争用3年左右时间，全国新培育领军人才1.5万人次以上，带动新增高技能人才500万人次左右。健全培养、使用、评价、激励联动推进机制，加快培养高质量发展所需的技术技能型、复合技能型、知识技能型和数字技能型领军人才，全方位用好领军人才，发挥领军人才引领示范作用，带动高技能人才整体发展。

三、重点任务

（三）制定专项培养计划。要加强对领军人才供给需求的预测，结合经济社会转型、科技创新发展和产业结构变革趋势，制定地方性、行业性领军人才专项培养计划。将技能高超、表现突出的青年技能人才及各类职业技能竞赛成绩优异选手做为领军人才培养培育重点，支持其成长成才。建立领军人才培育信息库，摸清掌握领军人才及培育重点对象基本情况，有针对性地做好培养及队伍建设工作。

（四）加大培养培育力度。强化企业主体责任，依托企业培训中心、职业学校（含技工学校，下同）、高技能人才培训基地、公共实训基地、工匠学院、技能大师工作室、劳模和工匠人才创新工作室等平台，通过企业岗位培训、校企联合培养、关键岗位实践、重点项目参与等方式，培养适应产业发展和国家战略需要的领军人才。支持企业联合教育科研机构，通过合作培养、项目协作等方式，帮助领军人才及培育重点对象提高技术研发水平。组织技能研修、同业交流、名师带徒、赴境外培训等活动，提高领军人才的综合素质、技能水平和实践创新能力。推动实施中国特色学徒制，培养技能高超的青年技能人才，并纳入领军人才培育范围。

（五）畅通晋升成长通道。支持企业健全“新八级工”技能岗位等级设置，在设有高级技师的职业（工种）中增设特级技师和首席技师技术职务（岗位），推进特级技师和首席技师评聘工作。对技能岗位等级设置完整的职业（工种），企业可直接认定技师、高级技师、特级技师和首席技师。对技艺高超、业绩突出的一线职工，进一步打破学历、资历、年龄、比例等限制，可直接认定高级工以上职业技能等级。对解决重大工艺技术难题和重大质量问题、技术创新成果获得省部级以上奖项的高技能人才，可破格晋升职业技能等级。支持理论水平高、创新能力强的高技能人才参加相应专业技术职称评审。

（六）提高待遇水平。引导企业建立健全基于岗位价值、能力素质和业绩贡献的技能人才薪酬分配制度，实现多劳者多得、技高者多得。对在技术革新或技术攻关中作出突出贡献的领军人才，企业可从成果转化所得收益中以奖金、股权等多种形式给予奖励。鼓励企业对关键技术岗位领军人才实行年薪制、协议工资制、项目工资制。国有企业可在工资总额内对领军人才予以适当倾斜，结合实际实行特岗特酬。

（七）完善稳才留才机制。鼓励企业创新、完善相关制度，吸引稳定领军人才。支持企业与领军人才依法约定服务期、订立竞业限制协议。对工作中急需、退休后将对工作带来较大影响的领军人才，符合国家统一规定的可推迟办理退休，并向所在地人力资源社会保障部门备案。对实际工作中急需、已办理退休手续的领军人才，企业可与其协商签订返聘协议。

（八）支持发挥作用。创造条件为领军人才参与重点项目和重大工程、领衔一线生产难题攻关、总结推广绝招绝技等提供帮助。保护领军人才知识产权和技术创新成果转化权益。支持领军人才参加国内外大型工业展会、“一带一路”框架下南南合作技能开发网络、对外援助等合作项目。组织领军人才担任学徒的企业导师，鼓励领军人才到职业学校兼职，提升学徒、学生的实践能力、技能水平和职业素养。

（九）加强领军人才平台建设。优先支持参与国家重大战略、重大工程、重大项目、重点产业的领军人才领衔创建技能大师工作室、劳模和工匠人才创新工作室，聚焦先进制造业、战略性新兴产业、数字技能等领域开展技术革新、技能攻关和人才培养工作，符合条件的按规定给予经费支持。鼓励各地打造人才港、工匠城等技能平台，组织领军人才开展技能文化传播活动，设立技能展示、技能互动、职业体验区域，面向公众和青少年学生加强技能知识传播和文化培育。

（十）选拔表彰优秀领军人才。组织开展各类职业技能竞赛和岗位练兵活动，对涌现出的优秀选手，按规定授予相关荣誉、落实职业技能等级晋升政策，纳入培育重点对象范围。加大省部级以上表彰奖项和省级以上政府特殊津贴向高技能人才支持力度，积极推荐优秀高技能人才申报参评全国劳动模范和先进工作者、中华技能大奖、全国技术能手、全国五一劳动奖章、国家科学技术进步奖、全国职工优秀技术创新成果等。将符合条件的优秀领军人才按照有关规定选拔推荐到工会等群团组织挂职或兼职。

四、工作要求

（十一）加强组织领导。建立人力资源社会保障部门统筹、有关部门各司其职、行业企业积极参与的领军人才培育工作机制。要积极向党委和政府汇报工作，加强部门沟通协调力度。人力资源社会保障、发展改革、教育、科技、国资、工会部门要做好信息共享，加强组织推动，共同推动领军人才培育工作。

（十二）做好保障服务。加强技能人才服务窗口、技能大师之家等建设，做好领军人才支持服务工作。各级人力资源社会保障部门、财政部门要结合本地实际，用好就业补助资金、地方人才队伍建设经费等，支持做好领军人才培养，按规定落实好职业培训补贴、高技能人才培养补助等政策。引导企业按规定足额提取和合理使用职工教育经费，60% 以上用于一线职工教育和培训，并将此情况与企业申请用地、用能及开展评先评优等挂钩。

（十三）营造良好氛围。充分发挥舆论正面引导作用，多渠道多方式宣传技能人才工作重大政策、重要活动、创新经验和工作成效，进一步营造尊重劳动、尊重知识、尊重人才、尊重创造的良好氛围，激励广大劳动者特别是青年人走技能成才、技能报国之路。突出示范引领、典型带动，深入挖掘领军人才工作事迹、成长经历，讲好技能故事，打造技能明星，大力弘扬劳模精神、劳动精神、工匠精神。

图书在版编目（CIP）数据

工会权益保障工作百问百答 / 罗远业编著. -- 北京: 中国工人出版社, 2024.4

ISBN 978-7-5008-8386-9

Ⅰ. ①工… Ⅱ. ①罗… Ⅲ. ①工会工作—权益保护—中国—问题解答 Ⅳ. ①D412.6-44

中国国家版本馆CIP数据核字(2024)第060869号

工会权益保障工作百问百答

出 版 人 董 宽

责任编辑 王晨轩 李滢洁

责任校对 张 彦

责任印制 栾征宇

出版发行 中国工人出版社

地　　址 北京市东城区鼓楼外大街45号 邮编：100120

网　　址 http://www.wp-china.com

电　　话 （010）62005043（总编室）

（010）62005039（印制管理中心）

（010）62382916（工会与劳动关系分社）

发行热线 （010）82029051 62383056

经　　销 各地书店

印　　刷 北京市密东印刷有限公司

开　　本 880毫米 × 1230毫米 1/32

印　　张 7.125

字　　数 140千字

版　　次 2024年10月第1版 2024年10月第1次印刷

定　　价 42.00元
